clara

Kurze lateinische Texte
Herausgegeben von Hubert Müller

Heft 35

Plautus,
Amphitruo

Bearbeitet von Ursula Blank-Sangmeister

Mit 19 Abbildungen

Zusätzliches Material und Projektideen unter
www.v-r.de/Plautus
Passwort: Nc9mukPj

Vandenhoeck & Ruprecht

ISBN 978-3-525-71737-0

© 2013 Vandenhoeck & Ruprecht GmbH & Co. KG, Göttingen / www.v-r.de

Gesamtherstellung: ⊕ Hubert & Co, Göttingen

Gedruckt auf chlorfrei gebleichtem Papier.

Abbildungsnachweis: S. 13 und 27: © Fotolia.com; S. 19, 23 und 46: © AKG-images

Inhalt

Merkur und Sosia in einer Theateraufführung 2008 / © Armin Zarbock

1 Lies hierzu den Einleitungstext auf der gegenüberliegenden Seite und versuche eine
erste Interpretation dieser Szene.

Liebe Schülerin, lieber Schüler!

Amphitruo (griech. Amphitryon), der Held von Plautus' gleichnamiger Komödie, ist eine Gestalt aus der griechischen Mythologie. Der thebanische Feldherr ist mit Alcumena (griech. Alkmene) verheiratet. Während seiner Abwesenheit schlüpft der oberste Gott Juppiter (griech. Zeus) in die Rolle Amphitruos, verbringt eine Nacht mit Alcumena, die ihren Ehemann vor sich zu haben glaubt, und zeugt mit ihr den Halbgott Herkules (griech. Herakles). Anstatt sich nach dieser Episode wieder auf den Olymp zurückzuziehen, bleibt Juppiter als Amphitruos Doppelgänger an Ort und Stelle und bringt zusammen mit seinem Sohn Merkur (griech. Hermes), der als Amphitruos Sklave Sosias auftritt, das Leben der Eheleute gehörig durcheinander. In Plautus' Augen der Stoff für eine Komödie …

Um dir die Arbeit mit den Texten zu erleichtern, sind wir folgendermaßen vorgegangen: In der rechten Spalte sind die Vokabeln angegeben, die nicht Teil des Grundwortschatzes sind. Rot hervorgehoben sind die Wörter, die als Lernvokabular gedacht sind.˙ Sie werden nur bei ihrem ersten Vorkommen aufgeführt. Am Ende der Ausgabe sind sie in einem alphabetisch geordneten Lernwortschatz noch einmal zusammengestellt.

Aufgaben, Zusatztexte und Abbildungen helfen dir, die Texte zu erschließen und besser zu verstehen.

˙ Dabei handelt es sich um Wörter aus dem Klettschen Aufbauwortschatz, auch wenn sie im Bamberger Wortschatz *adeo* aufgeführt sind. Angegeben sind außerdem die Wörter aus *adeo*, die nicht im Klettschen Grund- oder Aufbauwortschatz verzeichnet sind; rot markiert sind ferner die Wörter, die dem Grundwortschatz angehören, aber in *adeo* fehlen, sowie die unbekannten Wörter, die im hier vorgelegten lateinischen Text mindestens dreimal vorkommen.

Zur Sprache des Plautus

Plautus' Komödie ist etwa 150 Jahre älter als die Texte, die dir aus dem bisherigen Lateinunterricht bekannt sind. In dieser Zeit hat sich die Sprache weiterentwickelt. Das betrifft sowohl die Formenlehre / Orthographie als auch die Grammatik. Damit dir die Sprache des Plautus nicht allzu fremd vorkommt, haben wir in dieser Ausgabe die altlateinische Lautung dem klassischen Latein angepasst. Im Bereich der Grammatik sind um das Jahr 200 v. Chr. die Regeln nicht so streng wie etwa bei Caesar und Cicero. Die wichtigsten Abweichungen, die für die Übersetzung Bedeutung haben, sind unten aufgeführt.

Neu für dich ist auch die Tatsache, dass die Komödie durchgehend in rhythmisch gegliederten Versen verfasst ist, was hier aber nicht weiter thematisiert werden soll. Das Versmaß hat vor allem Auswirkungen auf manche Wortformen und insbesondere die Wortstellung. Da musst du manchmal ein bisschen knobeln …

Es hilft dir, wenn du dir die folgenden Phänomene merkst:

I.   Formenlehre

1.   Wegfall des *e* von *es/est* (Aphärese)

   Das *e* von *es/est* kann wegfallen, wenn das vorausgehende Wort auf

   a) einen Vokal endet (damit soll ein Hiat, das Aufeinanderstoßen zweier Vokale, vermieden werden):

   z.B. Text 2, V. 64: *simili est > similist*

   b) auf *-us* oder *-is* endet:

   z.B. Text 1, V. 4: *praefectus est > praefectust*; Text 2, V. 2: *domus est > domust*

   z.B. Text 2, Z. 60: *similis est > similest*

   Um Verwechslungen auszuschließen – die Endung *-us* wäre nicht eindeutig –, steht bei der 2. Pers. Sg. ein Auslassungszeichen, z.B. Text 2, V. 9 *vaniloquu's* (statt *vaniloquus es*)

2.   Wegfall des *e* am Wortende (Apokope), besonders häufig bei dem eine Frage einleitenden *-ne*:

   tūne > tūn (Text 2, V. 1); *valuistine > valuistin* (Text 4, V. 3)

3.   Zusammenziehungen

   mihi > mī, z.B. Text 1, V. 21; *nisī > nī*, z.B. Text 2, V. 58; *deī > dī*, z.B. Text 2, V. 72

4.   Erweiterungen

   sit > siet, sim > siem, z.B. Text 1, V. 17 und 27

haecne? > *haecine?*, z.B. Text 2, V. 2

ut > *utī*, z.B. Text 2, V. 77

5. Verstärkungen

    Die Partikel -*ce* und -*met* können ein Pronomen verstärken, z.B. *illīsce* (Text 1, V. 1); ipsemet (Text 1, V. 6)

II. Syntax

1. *ut* + Konj. „wie" als Einleitung eines indirekten Fragesatzes, z.B. Text 1, V. 8

2. Indirekte Fragesätze stehen oft im Indikativ, z.B. Text 2, V. 23: *quid tibi libet* (statt *libeat*), *fac*; Text 2, V. 46: *Nescio, unde haec hic spectavit* (statt *spectaverit*)

3. Relativsätze

    a) Bei Relativsätzen fehlt oft das Beziehungswort, z.B. Text 1, V. 30 *quae illi ad legionem facta sunt, memorat = ea, quae … facta sunt, memorat*

    b) Einige Relativsätze stehen im Indikativ, wo man im klassischen Latein – wegen des Nebensinns – einen Konjunktiv erwarten würde.

    Adversativer Nebensinn: Z.B. Text 1, V. 31b-32a: *Illa illum censet virum/suum esse, quae cum moecho est.* Jene glaubt, dass sie …, obwohl sie mit dem Ehebrecher zusammen ist.

4. Verneinter Imperativ

    nē + Imperativ statt klassisch Konj. Perf., z.B. Text 3, V. 17: *ne corruperis oculos* > *ne corrumpe oculos*

Plautus, Schedel'sche Weltchronik, Nürnberg 1493, LXXXIIIIv

7

1 Wer, wo, was (Prolog, V. 97–150, gekürzt)

Merkur, Götterbote und Juppiters Sohn, führt das Publikum in die Handlung des Stückes ein.

Teil 1

Haec urbs est Thebae. In illisce habitat aedibus
Amphitruo, natus Argis ex Argo patre,
quicum Alcumena est nupta, Electri filia.

Thēbae, ārum *f. Pl.:* Theben *(Stadt in Griechenland)*
-ce: *Partikel, verstärkt das Pronomen, vgl. S. 7, I.5*
Amphitruō, ōnis *m.: König der Thebaner*
Argī, ōrum *m. Pl.: hier:* Argolis *(Landschaft in Griechenland)*
Argus: *Eigenname*
quīcum = quōcum
Alcumēna: *Eigenname*
nūbere, nūpsī, nūptum: (einen Mann) heiraten
Ēlectrus: *Eigenname*

Is nunc Amphitruo praefectust legionibus,
5 nam cum Telobois bellum est Thebano poplo.

praefectust = praefectus est, *vgl. S. 6, I.1b*
praeficere, iō, fēcī, fectus: an die Spitze stellen
Tēloboae, ārum *m. Pl.:* Teloboer *(Volk in Griechenland)*
Thēbānus: thebanisch; Thebaner
poplō = populō

Is priusquam hinc abiit ipsemet in exercitum,
gravidam Alcumenam uxorem fecit suam.

-met: *Partikel, verstärkt das Pronomen, vgl. S. 7, I.5*
gravidus: schwanger
nam: *hier:* freilich
ut *Subjektion:* wie

Nam ego vos novisse credo iam, ut sit pater meus,
quam liber harum rerum multarum siet
10 quantusque amator sit. […]
Is amare occepit Alcumenam clam virum

līber, a, um + *Gen.:* frei in
siet = sit, *vgl. S. 6, I.4*
amātor, ōris *m.:* Liebhaber
occipere, iō, cēpī, ceptum: anfangen, beginnen
clam + *Akk.:* hinter jmds. Rücken

usuramque eius corporis cepit sibi,
et gravidam fecit is eam compressu suo.
Nunc de Alcumena ut rem teneatis rectius,

ūsūram alicuius reī capere: etw. nutzen/ besitzen
compressus, ūs *m.:* Umarmung
rem rēctius tenēre: genau Bescheid wissen

15 utrimque est gravida, et ex viro et ex summo Iove.

utrimque *Adv.: hier:* von beiden Seiten

1 Skizziere den Rahmen, in dem die Komödie spielt. Berücksichtige dabei den Ort der Handlung und die beteiligten Personen.

2 Stelle die im Text gegebenen Informationen über die genannten Personen zusammen. Zitiere lateinisch.

3　Recherchiere, wieso Merkur seinen Vater als *amātor* (V. 10) bezeichnen kann, und nenne einige Beispiele.

4　(a) Ein Faktum hält Merkur für besonders erwähnenswert. Nenne die sprachlichen Mittel, mit denen er dessen Bedeutung hervorhebt. – (b) Kommentiere dieses Faktum.

Plautus

Über das Leben des Titus (Maccius?) Plautus, des neben Terenz (185–159 v. Chr.) bedeutendsten römischen Kömodienschreibers, ist wenig Gesichertes bekannt. Er wurde wohl um das Jahr 250 v. Chr. in Sarsina im mittelitalischen Umbrien geboren. Wie er die griechische Bildung, von der seine Komödien zeugen, erworben hat, lässt sich nicht mehr nachzeichnen. Jedenfalls gehören seine Stücke zu den ältesten literarischen Zeugnissen der lateinischen Literatur. Nach späteren antiken Quellen hat er angeblich als Arbeiter am Theater seinen Lebensunterhalt verdient und bei Handelsgeschäften all sein Geld verloren. Danach soll er in die Dienste eines Müllers getreten sein. Aus dieser Zeit könnten seine ersten drei Stücke stammen. 184 v. Chr. ist Plautus in Rom gestorben.

Dem Dichter wurden etwa 130 Dramen zugeschrieben, von denen der Gelehrte Varro (1. Jh. v. Chr.) 21 für echt hielt. Diese sind, mehr oder weniger vollständig, auf die Nachwelt gekommen und spielen alle in einem griechischen Milieu, angepasst an römische Verhältnisse. Plautus' literarische Abhängigkeit von der griechischen Komödie steht außer Frage, doch da nur wenige mögliche Vorbilder erhalten sind, ist das Ausmaß dieser Abhängigkeit ebenso wie seine schöpferische Eigenleistung in der Forschung umstritten.

Seine Werke übten einen großen Einfluss auf die Entwicklung der europäischen Komödie aus und waren in der Renaissance besonders beliebt. Immer wieder kam es zu Aufführungen, Übersetzungen und Nachdichtungen. Im 16. Jahrhundert erschienen z.B. ein spanischer und ein englischer *Amphitryon*, der berühmte Theaterdichter Molière verfasste im 17. Jh. eine französische, Heinrich v. Kleist (gest. 1811) eine deutsche Version. Und der Franzose Jean Giraudoux nannte seine Dichtung aus dem Jahre 1929 „Amphitryon 38", weil er angeblich 37 frühere Bearbeitungen vorgefunden hatte.

Nach den Worten eines renommierten Latinisten ist Plautus' Theater „unverwüstlich. Seine Sprache, urwüchsig und dabei künstlerisch geformt, verbindet den Reiz des Lebendigen mit dem Zauber des Musikalischen. Ohne jemals in Dunkelheit zu verfallen, denkt Plautus ständig an den Zuschauer, bald sorgfältig erklärend und vorbereitend, bald ihn absichtlich in die Irre führend, um ihn desto mehr zu überraschen. [...] Die Frische, Fülle und hörerbezogene Klarheit des Plautus bleiben in ihrer Weise ohne Nachfolge."

Michael von Albrecht: Geschichte der römischen Literatur. München [dtv] 1994, Bd. 1, S. 164f; mit freundlicher Genehmigung von Walter de Gruyter GmbH.

Teil 2

Et meus pater nunc intus hic cum illa cubat. […]

Sed ita assimulavit se, quasi Amphitruo siet. […]
In Amphitruonis vertit sese imaginem
omnesque eum esse censent servi qui vident:
20 Ita versipellem se facit, quando libet.

Ego servi sumpsi Sosiae mi imaginem,
qui cum Amphitruone abiit hinc in exercitum,
ut praeservire amanti meo possem patri
atque ut ne, qui essem, familiares quaererent,
25 versari crebro hic cum viderent me domi;

nunc, cum esse credent servum et conservum suum,
haud quisquam quaeret, qui siem aut quid venerim.

intus *Adv.*: im Inneren (des Hauses)
cubāre, cubuī, cubitum: liegen, ruhen
sē assimulāre: sich anpassen
siet = sit, *vgl. S. 6, I.4*

sē versipellem facere: sich verwandeln
quandō *Subj.*: wann (immer); da ja, weil
libet, libuit/libitum est: es beliebt, gefällt
Sōsia, ae *m.*: *Eigenname*
mī = mihi, *vgl. S. 6, I.3*

praeservīre: dienen
familiāris, is *m.*: *hier*: Hausgenosse
ut nē = nē
crēbrō *Adv.*: häufig
domī: zu Hause, im Haus
crēdent *erg.* mē
cōnservus: Mitsklave
siem = sim, *vgl. S. 6, I.4*
quid?: was?, warum?

1 Schreibe aus dem Text die lateinischen Ausdrücke zum Sachfeld „Veränderung" heraus und erstelle eine Mindmap nach diesem Vorbild.

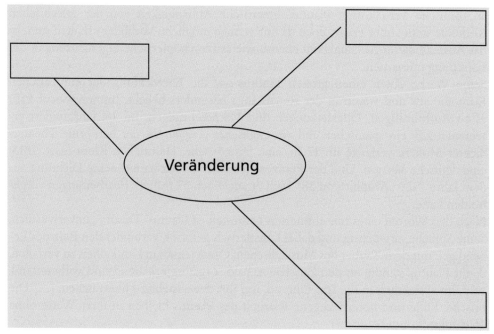

2 Nenne die Absichten, die Juppiter und Merkur mit ihren jeweiligen Verwandlungen verbinden.

Teil 3

Pater nunc intus suo animo morem gerit:
Cubat complexus, cuius cupiens maxime est;

30 quae illi ad legionem facta sunt, memorat pater
meus Alcumenae: Illa illum censet virum
suum esse, quae cum moecho est. Ibi nunc meus pater
memorat, legiones hostium ut fugaverit,
quo pacto sit donis donatus plurimis. [...]

35 Nunc hodie Amphitruo veniet huc ab exercitu
et servus, cuius ego hanc fero imaginem. [...]
Damit ihr uns jetzt leichter auseinanderhalten könnt,
werde ich auf meinem Hut stets das Flügelpaar tragen,
mein Vater aber trägt einen goldenen Haarwulst. [...]
40 Sed Amphitruonis illic est servus Sosia:
A portu illic nunc cum lanterna advenit.
Abigam iam ego illum advenientem ab aedibus.

---

suō animō mōrem gerere: es sich
gut gehen lassen
complexus *erg.* eam
complectī, or, plexus sum: umar-
men
cupiēns, ntis + *Gen.*: begierig nach,
jmd. leidenschaftlich zugetan
quae = ea, quae, *vgl. S. 7, II.3a*
facta: *von* fierī

quae ... est: *vgl. S. 7, II.3b*
moechus: Ehebrecher
fugāre: in die Flucht schlagen
quō pāctō: wie

hūc *Adv.*: hierher

illīc *Adv.*: dort, da
lanterna: Laterne
advenīre, iō, vēnī, ventum: (an)
kommen, sich nähern
abigere, ēgī, āctum: vertreiben,
-jagen

---

1 Erläutere, was Juppiter mit dem, was er Alcumena erzählt, bezwecken will.

2 „Illa illum cēnset virum suum esse, quae cum moechō est" – das ist ziemlich kompliziert
ausgedrückt. Überlege, wer mit den einzelnen Pronomina (illa, illum, suum, quae) jeweils gemeint ist, und erläutere, welche Wirkung der Autor damit erzielen wollte.

3 Suche im Text nach sprachlichen Hinweisen, die eine neue Situation einleiten.

Teile 1 – 3

1 Da der Text in Versen verfasst ist, ist die dir bekannte Wortfolge bisweilen verändert.
Suche im Text nach entsprechenden Beispielen und bringe die Wörter in die (in Prosa)
übliche Reihenfolge.

2 Erörtere und bewerte
(a) das Verhalten Juppiters,
(b) die Rolle Merkurs,
(c) die Situation von Amphitruo und Alcumena.

3 Stelle Vermutungen darüber an, welche Probleme oder Verwicklungen sich aus der in
Text 1 geschilderten Situation im Folgenden ergeben könnten, und erläutere, wie die
Geschichte weitergehen könnte.

2 Ich bin ich (V. 361–460, gekürzt)

Vor Amphitruos Haus erwartet Merkur in Gestalt des Sklaven Sosia den echten Sosia, der im Auftrag seines Herrn Alcumena den Sieg der Thebaner melden soll, und droht ihm Prügel an, wenn er nicht sofort verschwindet.

Teil 1

SOS. Tun domo prohibere peregre me advenientem postulas?	tūn = tūne, *vgl. S. 6, I.2* peregrē *Adv.:* aus der Fremde postulāre + *Inf.:* wollen
MERC. Haecine tua domust? **SOS.** Ita inquam. **MERC.** Quis erus est igitur tibi? **SOS.** Amphitruo, qui nunc praefectust Thebanis legionibus, quicum nupta est Alcumena. **MERC.** Quid ais? Quid nomen tibi est?	haecine = haecne, *vgl. S. 7, I.4* erus: Herr, Gebieter quīcum = quōcum
5 **SOS.** Sosiam vocant Thebani, Davo prognatum patre. […]	Dāvus: *Eigenname* prōgnātus + *Abl.:* Sohn des

Merkur bezichtigt Sosia der Lüge und versetzt ihm eine Tracht Prügel.

SOS. Tuam fidem obsecro. **MERC.** Tun te audes Sosiam esse dicere, qui ego sum? **SOS.** Perii. […]	fidem obsecrāre: um Gnade bitten periī: ich bin des Todes
MERC. Cuius es? **SOS.** Amphitruonis, inquam, Sosia. **MERC.** Ergo istoc magis, quia vaniloquu's, vapulabis: Ego sum, non tu, Sosia.	istōc + *Komparativ:* desto vāniloquu's = vāniloquus es, *vgl. S. 6, I.1b* vāniloquus: verlogen vāpulāre: Schläge bekommen, verprügelt werden quī: wie?, warum?

Merkur schlägt erneut auf Sosia ein. […]

10 **MERC.** Quid igitur? Qui nunc vocare? **SOS.** Nemo nisi quem iusseris.	vocāre = vocāris nēmō … iusseris: ganz wie du willst
MERC. Amphitruonis te esse aiebas Sosiam. **SOS.** Peccaveram, nam Amphitruonis socium ne me esse volui dicere. […] **MERC.** Ego sum Sosia ille, quem tu dudum esse aiebas mihi.	peccāre: einen Fehler machen nē *Versicherungspartikel:* wirklich, tatsächlich quem … mihi: für den du dich mir gegenüber gerade ausgabst
15 **SOS.** Obsecro, ut per pacem liceat te alloqui, ut ne vapulem.	obsecrāre: beschwören, anflehen per pācem: friedlich, in Ruhe alloqui, loquor, locûtus sum: ansprechen ut nē: ohne dass

MERC. Immo indutiae parumper fiant, si quid vis loqui.

SOS. Non loquar nisi pace facta, quando pugnis plus vales.
MERC. Dic, si quid vis, non nocebo. […]
SOS. Quid, si falles? **MERC.** Tum Mercurius Sosiae
iratus siet.
20 **SOS.** Animum adverte. Nunc licet mihi libere quidvis
loqui.
Amphitruonis ego sum servus Sosia. **MERC.** Etiam
denuo?
SOS. Pacem feci, foedus feci. Vera dico. **MERC.** Vapula.

SOS. Ut libet, quid tibi libet, fac, quoniam pugnis plus vales;
verum, utut es facturus, hoc quidem hercle haud reticebo
tamen.

25 **MERC.** Tu me vivus hodie numquam facies, quin sim Sosia.
SOS. Certe edepol tu me alienabis numquam, quin noster
siem. […]

immō: ja; *nach Verneinung*: im Gegenteil, nein
indūtiae, ārum *f. Pl.*: Waffenstillstand
parumper *Adv.*: auf kurze Zeit
pūgnus: Faust
nocēre: schaden

īrātus: zornig

animum advertere: aufpassen
quidvīs: alles

Etiam dēnuō?: Fängst du schon wieder damit an?

foedus, eris *n.*: Vertrag, Bündnis

quid … libet = quid … libeat, *vgl. S. 7, II.2*
utut: wie auch immer
hercle: beim Herkules!
reticēre: verschweigen
quīn = ut nōn
edepol: beim Pollux!
aliēnāre: abbringen
noster ≈ egô

1 Suche aus dem Text alle lateinischen Begriffe zum Sachfeld „Krieg (Kampf) und Frieden" heraus und erstelle eine Mindmap.

2 (a) Analysiere, wie Merkur und Sosia versuchen, den anderen von der eigenen Identität zu überzeugen. – (b) Bewerte ihre jeweilige Strategie.

3 (a) Erläutere die besondere Komik der Szene und die Technik, mit der Plautus sie vestärkt. – (b) Spielt die Szene nach – aber *vapulare* bitte nur simulieren!

Teil 2

MERC. Hic homo sanus non est. **SOS.** Quod mihi praedicas
vitium, id tibi est.
Quid, malum, non sum ego servus Amphitruonis Sosia?
Nonne hac noctu nostra navis huc ex portu Persico
30 venit, quae me advexit? Nonne me huc erus misit meus?
Nonne ego nunc sto ante aedes nostras? Non mi est laterna
in manu?

Non loquor, non vigilo? Nonne hic homo modo me pugnis
contudit?
Fecit hercle, nam etiam misero nunc mihi malae dolent.

Quid igitur ego dubito, aut cur non intro eo in nostram
domum?
35 **MERC.** Quid, domum vestram? **SOS.** Ita enim vero.
         MERC. Quin quae dixisti modo,
omnia ementitu's: Equidem Sosia Amphitruonis sum.
Nam noctu hac soluta est navis nostra e portu Persico,
et ubi Pterela rex regnavit, oppidum expugnavimus,
et legiones Teloboarum vi pugnando cepimus,

40 et ipsus Amphitruo obtruncavit regem Pterelam in proelio.
SOS. Egomet mihi non credo, cum illaec autumare illum
audio;
hic quidem certe, quae illic sunt res gestae, memorat
memoriter.

Sed quid ais? Quid Amphitruoni doni a Telobois datum est?
MERC. Pterela rex qui potitare solitus est patera aurea. […]
45 **SOS.** Argumentis vicit, aliud nomen quaerendum est mihi.

Glossar (rechte Spalte):

sānus: gesund, vernünftig
vitium praedicāre: als Gebrechen zuschreiben
malum: zum Teufel!
nōnne?: nicht?, doch wohl?
noctū = nocte
Persicus: persisch
advehere, vexī: (herbei)bringen
nōn = nōnne
laterna: Laterne
vigilāre: wachen, wach(sam) sein
contundere, tudī, tūsum: (zer)schlagen
māla: Kinnlade
intrō *Adv.*: hinein

quīn: *hier*: nein
ēmentīrī: erlügen
noctū = nocte
solvī: *hier*: abfahren
Pterela *m.*: *Eigenname*
rēgnāre: herrschen
expūgnāre: erobern
Tēloboae, ārum *m. Pl.*: Teloboer (*Volk in Griechenland*)
ipsus = ipse
obtruncāre: niedermetzeln
illaec ≈ illa
autumāre: behaupten, sagen
memoriter *Adv.*: aus dem Kopf, auswendig
quid dōnī (*Gen. part.*) = quod dōnum
quī: *hier*: woraus
pōtitāre: trinken
patera: Schale
aureus: golden
argūmentum: Beweis

---

1 Analysiere die unterschiedliche Art der Fragesätze und erläutere die inhaltliche Funktion der Anaphern in Vers 29–32. Überlege, an wen sich die Fragen jeweils richten.

2 Vergleiche die Art und Weise, wie Sosia bzw. Merkur den Beweis für ihre „Echtheit" führen.

3 Erläutere die Wirkung dieser Szene auf Sosia (V. 45).

4 Versetze dich in die Lage des echten Sosia und formuliere deine Gedanken in dieser Situation.

Teil 3

46 **SOS**. Nescio, unde haec hic spectavit. Iam ego hunc decipiam
probe;
nam quod egomet solus feci – nec quisquam alius adfuit –
in tabernaclo, id quidem hodie numquam poterit dicere.
Si tu Sosia es, legiones cum pugnabant maxime,
50 quid in tabernaclo fecisti? Victus sum, si dixeris. […].
Merkur weiß auch das: Er hat heimlich Wein getrunken …
MERC. Quid nunc? Vincon argumentis te non esse Sosiam?
SOS. Tu negas med esse? **MERC**. Quid ego ni negem,
qui egomet siem?

SOS. Per Iovem iuro med esse neque me falsum dicere.
MERC. At ego per Mercurium iuro tibi Iovem non credere;
55 nam iniurato, scio, plus credet mihi quam iurato tibi.
SOS. Quis ego sum saltem, si non sum Sosia? Te interrogo.
MERC. Ubi ego Sosia nolim esse, tu esto sane Sosia;
nunc, quando ego sum, vapulabis, ni hinc abis, ignobilis.

dēcipere, iō, cēpī, ceptum: täuschen, austricksen
probē *Adv.*: gründlich
tabernāc(u)lum: Zelt

vincōn = vincōne, *vgl.* S. 6, Nr. I.2
mēd = mē mē
quid … nī = quidnī: warum nicht
per + *Akk.*: hier: bei
(in)iūrātus: einer, der (nicht) geschworen hat
saltem *Adv.*: denn eigentlich
interrogāre: fragen
ubī: *hier*: wenn
estō *Imperativ 2*: du sollst/ kannst sein
sānē *Adv.*: durchaus, in der Tat
nī = nisī, *vgl.* S. 6, I.3
īgnōbilis, e: unbekannt, namenlos

*Merkur als Redner,
römische Kopie 1./2. Jh. n.Chr.; griechisches Original aus dem
5. Jh. v.Chr.*

1 (a) Erläutere, wie Sosia Merkur doch noch „besiegen" zu können glaubt. Begründe, warum das ebenfalls schiefgehen muss.
(b) Welche besonderen Fähigkeiten werden Merkur zugeschrieben? Beziehe die Abbildung mit ein.

2 (a) Deute die Funktion der Verse 52–55. Beschreibe dabei, wie Plautus hier die Identitätsfrage auch sprachlich auf die Spitze treibt.
(b) Erläutere die Funktion der Schwüre für die Komik der Szene.

3 Charakterisiere das Verhalten Merkurs in dieser Textpassage. Erläutere das Bild von den Göttern, das hier vermittelt wird.

Teil 4

SOS. Certe edepol, cum illum contemplo et formam   contemplāre: betrachten
60   cognosco meam,
quemadmodum ego sum – saepe in speculum inspexi –,   speculum: Spiegel
                         nimis similest mei; […]

sūra, pes, statura, tonsus, oculi, nasum vel labra,

malae, mentum, barba, collus: totus. Quid verbis opust?

65 Si tergum cicatricosum, nihil hoc similist similius.
Sed cum cogito, equidem certo idem sum, qui semper fui.
Novi erum, novi aedes nostras; sane sapio et sentio.
Non ego illi obtempero, quod loquitur. Pultabo fores.

MERC. Quo agis te? **SOS.** Domum. […]
70 Nonne erae meae nuntiare, quod erus meus iussit, licet?
MERC. Tuae, si quid vis, nuntiare: Hanc nostram adire non
                                sinam.
Nam si me irritassis, hodie lumbifragium hinc auferes.
SOS. Abeo potius. Di immortales, obsecro vestram fidem,

ubi ego perii? Ubi immutatus sum? Ubi ego formam perdidi?
75 An egomet me illic reliqui, si forte oblitus fui?

Nam hic quidem omnem imaginem meam,
                 quae antehac fuerat, possidet.

Vivo fit, quod numquam quisquam mortuo faciet, mihi.
Ibo ad portum atque haec, uti sunt facta, ero dicam meo.

Glossen (rechte Spalte):

īnspicere, iō, spēxī, spectum: hin(ein)sehen
similest = similis est
meī: *Gen. von* egō
sūra: Wade
statūra: Gestalt
tōnsus, ūs *m.*: Haar(schnitt)
nāsum: Nase
labrum: Lippe
māla: Kinnlade
mentum: Kinn
barba: Bart
collus: Hals
cicātrīcōsus: voller Narben
similist = similī est

sapere, iō: bei Verstand sein
obtemperāre: *hier:* hören auf
pultāre + *Akk.*: anklopfen an
forēs, ium *f. Pl.*: Tür
sē agere: *hier:* sich begeben
domum: nach Hause
era: Herrin

nūntiāre *erg.* licet

irritāssis = irritāvissēs
irritāre: reizen, ärgern
lumbifragium: zerschlagene Lenden
dī = deī, *vgl. S. 6, I.3*
perīre: *hier:* verlorengehen
immutāre: verwandeln
fuī ≈ sum
oblīvīscī, or, oblītus sum: vergessen
antehāc *Adv.*: früher
fuerat *erg.* mihi
mortuus: tot
utī = ut

---

1 Suche aus dem Text alle lateinischen Begriffe zum Sachfeld „Körper" heraus und erstelle eine Mindmap.

2 Erläutere *tergum cicātrīcōsum* (V. 64).

3 Nenne die Textstellen, in denen Sosia an seiner eigenen Identität zweifelt, und die, in denen er sicher ist, er selbst zu sein, und seinen Auftrag ausführen will.

1 Fasse den Inhalt der Szene in eigenen Worten zusammen.

2 Charakterisiere (a) Merkur, (b) den Sklaven Sosia.

3 Überlege, welche Reaktionen oder Gefühle die beiden Akteure beim Publikum auslösen könnten, und begründe deine Vermutung.

4 Nenne die Stellen im Text, die du selbst als amüsant empfunden hast. Wodurch wird diese Wirkung hervorgerufen?

5 Zeige, inwiefern Text 2 Merkmale der Gattung „Komödie" aufweist. Lies dazu auch die Zusatztexte 1–3.

Aristoteles, Poetik 5.1

Die Komödie ist, wie wir sagten, die nachahmende Darstellung von niedrigeren Charakteren, jedoch keineswegs im vollen Umfang des Schlechten, sondern des Unschönen, von dem das Lächerliche ein Teil ist. Denn das *Lächerliche* ist sowohl eine Art Vergehen als auch eine Entstellung, die keinen Schmerz verursacht und schadlos ist.
Nachzulesen unter: www.gutenberg.org/files/16880/16880-h/16880-h.htm

Komödie

Eine **Komödie** (altgriechisch κωμῳδία *kōmōidía*: eigentlich „singender Umzug", meist übersetzt als „Lustspiel") ist ein Drama mit erheiterndem Handlungsablauf, das in der Regel glücklich endet. Die unterhaltsame Grundstimmung entsteht durch eine übertriebene Darstellung menschlicher Schwächen, die neben der Belustigung des Publikums auch kritische Zwecke haben kann. Die Zuschauer fühlen sich zu den Figuren auf der Bühne entweder hingezogen, weil sie sich in ihnen wiedererkennen, oder aber sie blicken auf sie herab und verlachen sie, weil sie Schwächen haben, die es zu vermeiden gilt, oder weil sie einer niederen Gesellschaftsschicht angehören. Schwankt diese Haltung gegenüber den komischen Figuren, spricht man von einer Tragikomödie. […] Die Themen der römischen Komödie sind unpolitisch, die Handlung überschaubar und ihre Charaktere einfach.
Nachzulesen unter: Wikipedia *s.v.* Komödie, zuletzt aufgerufen am 06. 05. 2013

Aus dem Prolog Merkurs (Amphitruo, V. 52–63, gekürzt)

Ihr kraust die Stirnen, weil ich eine Tragödie
Euch angekündigt habe? Da ich Gott bin, werd'
Ich das verändern: auf euren Wunsch soll jetzt
Die Tragödie von mir mit gleichen Versen in
5 'ne Komödie umgewandelt werden. Ist's euch recht?
[…]
Unpassend scheint es, dass sie ganz Komödie sei,
Weil Könige und Götter darin handeln. Drum,
Da auch ein Sklave seine Rolle haben wird,
Wird, wie gesagt, die Tragiko-Komödie draus.
Titus Maccius Plautus: Amphitryon. Der Text folgt der Übersetzung von Ludwig Gurlitt. Berlin 1925.

3 Abschied (V. 499–545, gekürzt)

Nach der gemeinsam verbrachten Nacht kommen Juppiter und Alcumena aus dem Palast.

IUPP. Bene vale, Alcumena, cura rem communem,
quod facis;
atque imperce, quaeso: Menses iam tibi esse actos vides.
Mihi necesse est ire hinc; verum quod erit natum, tollito.

ALC. Quid istuc est, mi vir, negoti, quod tu tam
subito domo
5 abeas? **IUPP.** Edepol haud quod tui me neque domi
distaedeat;

sed ubi summus imperator non adest ad exercitum,
citius quod non facto est usus fit quam quod facto est
opus. [...]
ALC. Heri venisti media nocte, nunc abis. Hocin placet? [...]

IUPP. [...] Mea uxor, non te mi irasci decet.

10 Clanculum abii a legione: Operam hanc subrupui tibi,
ex me primo ut prima scires, rem ut gessissem publicam.
Ea tibi omnia enarravi. Nisi te amarem plurimum,
non facerem. [...]
Nunc, ne legio persentiscat, clam illuc redeundum est mihi,
15 ne me uxorem praevertisse dicant prae re publica.

ALC. Lacrimantem ex abitu concinnas tu tuam uxorem.
IUPP. Tace,
ne corrumpe oculos, redibo actutum. **ALC.** Id actutum diu est.

IUPP. Non ego te hic libens relinquo neque abeo abs te.
ALC. Sentio,
nam qua nocte ad me venisti, eadem abis. **IUPP.** Cur me
tenes?

---

quod facis: wie du es (immer) tust
impercere: sich schonen
quaesō: ich bitte; bitte!
actus: erfüllt
tollitō *Imperativ 2:* du sollst...
tollere: *hier:* aufziehen
istic, istaec, istuc: dieser dort, der da
mī: *Vokativ zu* meus
negōtī = negōtiī; *Gen. part.*
quod: *faktisch*
domō: von zu Hause
tuī: *Gen. zu* tū
domī = domūs
(mē) distaedet + *Gen.:* ich habe genug von
citius ... opus: wird viel schneller, was nicht sein soll, gemacht, als das, was nicht gemacht werden soll
herī *Adv.:* gestern
hocin placet? Ist das richtig?
īrāscī, or, īrātus sum: zornig/böse sein
decet: es gehört sich
clanculum *Adv.* = clam
operam surripere, ripuī: sich dem Dienst entziehen
tibi: *Dat. comm.*
ēnarrāre: ausführlich erzählen
persentīscere: merken
clam *Adv.:* heimlich
praevertere, vertī prae + *Abl.:* vorziehen
lacrimantem concinnās: du bringst zum Weinen
ex abitū: durch dein Weggehen
nē corrumpe = nē corrūperis, *vgl. S. 7, II.4*
āctūtum *Adv.:* (so)gleich
libēns: gern; *bezieht sich auch auf* abeō
abs = ab

20 Tempus est: Exire ex urbe, priusquam lucescat, volo.   lūcēscere: hell/Tag werden
Nunc tibi hanc pateram, quae dono mi illi ob virtutem
                                data est, […]
Alcumena, tibi condono. […]   condōnāre = dōnāre
Numquid vis? **ALC.** Ut, cum absim, me ames, me, tuam,   numquid?: noch etwas?
                     te absente tamen. […]   absēns, ntis: abwesend
[…] Etiam: ut actutum advenias. *I.* Licet,   licet: *hier*: sehr gern
25 prius tua opinione hic adero: Bonum animum habe.

Ironie, *die,*
Bedeutung:
1. feiner, verdeckter Spott, mit dem jemand etwas dadurch zu treffen sucht, dass er es unter dem augenfälligen Schein der eigenen Billigung lächerlich macht
2. paradoxe Konstellation, die einem als Spiel einer höheren Macht erscheint
Herkunft: lateinisch *ironia* < griechisch *eirōneía* = geheuchelte Unwissenheit, Verstellung; Ironie

www.duden.de s.v. Ironie, zuletzt abgerufen am 13. 05. 2013

Szenenfoto aus dem Film „Aus den Wolken kommt das Glück, Deutschland 1935, mit Käthe Gold als Alkmene und Willy Birgel als Jupiter / Amphitryon

1 Erkläre Form und Funktion von (a) mihi (V. 14); (b) dōnō (V. 21); tē absente (V. 23).

2 Erläutere die Anspielung in V. 2f.

3 (a) Nenne die Gründe, die Juppiter anführt, um seinen Aufbruch zu rechtfertigen. Zitiere lateinisch.
(b) Bewerte die Stichhaltigkeit seiner Argumente.

4 Eine Äußerung Alcumenas ist nicht ernst gemeint. Lies den Zusatztext „Ironie" und suche die entsprechende Stelle.

5 (a) Beschreibe die Reaktion Alcumenas auf den Abschied. Belege deine Aussagen am Text.
(b) Nimm Stellung zu ihrer Reaktion.

6 Mit welchen Mitteln versucht Juppiter, Alcumena zu trösten?

4 Überraschung (V. 676–819, gekürzt)

Sosia hat inzwischen Amphitruo erzählt, dass ein anderer Sosia, der ihm aufs Haar gleicht, aufge-
taucht ist. Natürlich glaubt Amphitruo seinem Sklaven nicht. Jetzt eilt er zusammen mit dem
echten Sosia nach Hause und begrüßt seine Frau.

Teil 1

AMPH. Amphitruo uxorem salutat laetus speratam suam,
quam omnium Thebis vir unam esse optimam diiudicat. [...]
Valuistin usque? Exspectatum advenio? [...]

ALC. Obsecro ecastor, quid tu me derediculi gratia
5 sic salutas atque appellas, quasi dudum non videris
quasique nunc primum recipias te domum huc ex hosti-
bus?
AMPH. Immo equidem te nisi nunc hodie nusquam vidi
gentium.
ALC. Cur negas? **AMPH.** Quia vera didici dicere. **ALC.** Haud
aequum facit
qui, quod didicit, id dediscit. An periclitamini,
10 quid animi habeam? Sed quid huc vos revertimini tam cito?

An te auspicium commoratum est an tempestas continet,
qui non abiisti ad legiones, ita uti dudum dixeras?

AMPH. Dudum? Quam dudum istuc factum est? **ALC.** Temptas.
Iam dudum, modo. [...]
Nam dudum ante lucem et istunc et te vidi. [...]

Randglossen:
salūtāre: (be)grüßen
sperātam: die er vermisst hat
quam ... diiūdicat: die er als
ihr Mann für die beste aller
Frauen in Theben hält
ēcastor: beim Kastor!
dērīdiculī grātia: zum Spott
dūdum *Adv.:* vor kurzem,
gerade
vīderis *erg.* mē
nusquam ... gentium: nirgends
auf der Welt
aequum facere: richtig handeln
dēdīscere: verlernen, vergessen
perīclitārī: herauszufinden
versuchen
quid ... habeam: was ich den-
ke
citus; *Adv.* citō: schnell
auspicium: Vorzeichen
tempestās, ātis *f.:* Unwetter
commorārī: aufhalten
quī: *hier:* dass
utī = ut
temptās *erg.* mē
temptāre: *hier:* prüfen
istunc: *gemeint ist Sosia*

1 Vor dem Übersetzen: Stelle Vermutungen an, was in dieser Szene passieren wird.

2 Schreibe aus dem Text die lateinischen Begriffe heraus, die (a) die Zeit, (b) einen Ort
angeben.

3 Belege am Text, (a) mit welchen Gefühlen Amphitruo seine Frau begrüßt und (b) wie
diese auf sein Erscheinen reagiert und sich sein Kommen zu erklären versucht.

4 Erläutere das Missverständnis zwischen den beiden Eheleuten und überlege, welche
Folgen sich daraus ergeben könnten.

5 Der Leser bzw. Zuschauer weiß ja um die wahre Geschichte. Beschreibe die Wirkung
der Szene auf ihn.

Teil 2

15 **AMPH.** Tu me heri hic vidisti? **ALC.** Ego, inquam,
si vis, decies dicere. — deciēs *Adv.*: zehnmal
AMPH. In somnis fortasse? **ALC.** Immo vigilans vigilantem. — dīcere *erg.* possum
              AMPH. Ei misero mihi. — somnīs = somniīs
SOS. Quid tibi est? **AMPH.** Delirat uxor. **SOS.** Atra bili — somnium: Traum
                percita est. — fortasse *Adv.*: vielleicht
Nulla res tam delirantes homines concinnat cito. [...] — ei: ach, wehe
                dēlīrāre: wahnsinnig sein
ALC. Equidem ecastor sana et salva sum. **AMPH.** Cur — āter, tra, trum: schwarz
             igitur praedicas — bīlis, is *f.*: Galle
20 te heri me vidisse, qui hac noctu in portum advecti sumus? — percitus: gereizt
                tam: *gehört zu* citō
                concinnāre aliquem facientem:
                jmd. dazu bringen, etw. zu tun
Ibi cenavi atque ibi quievi in navi noctem perpetem, — salvus: wohlbehalten, gesund
neque meum pedem huc intuli etiam in aedes, ut — praedicāre: (öffentlich) sagen
             cum exercitu — noctū = nocte
hinc profectus sum ad Teloboas hostes eosque ut vicimus. — advehī, or, vectus sum: landen
ALC. Immo mecum cenavisti et mecum cubuisti. — cēnāre: speisen, essen
             AMPH. Quid est? — quiēscere, quiēvī, quiētum: ruhen
                perpetem *Adv.*: ununterbro-
25 **ALC.** Vera dico. [...] — chen
Primulo diluculo abiisti ad legiones. [...] — ut: *hier*: seit
AMPH.[...] Tu dic: Egone abs te abii hinc hodie cum — Tēloboae, ārum *m. Pl.*: Telo-
              diluculo? — boer
ALC. Quis igitur nisi vos narravit mi, illi ut fuerit proelium? — prīmulō = prīmō dīlūculum:
AMPH. An etiam id tu scis? **ALC.** Quippe qui ex te audivi, — Morgendämmerung
             ut urbem maximam — abs = ab
                illī: *fällt in der Übersetzung weg*
30 expugnavisses regemque Pterelam tute occideris. — quippe quī: weil
                Pterela: *Eigenname*
                tūte = tū

1 Zu V. 18: Informiere dich, z.B. im Internet, über die Rolle der Körpersäfte bei dem grie-chischen Arzt Galenos und bereite ein Kurzreferat vor.

2 Nenne die Stichwörter, mit denen sich Amphitruo die für ihn unglaublichen Äußerun-gen seiner Frau zu erklären versucht.

3 Zitiere lateinisch die Beweise, die Alcumena anführt, um Amphitruo vom Wahrheits-gehalt ihrer Worte zu überzeugen, und bewerte sie.

Teil 3

AMPH. Egone istuc dixi? **ALC.** Tute istic, etiam adstante
hoc Sosia. [...]
Audivistin tu hodie me illi dicere ea, quae illa autumat?
SOS. Quaeso edepol, num tu quoque etiam insanis,
cum id me interrogas,
qui ipsus equidem nunc primum istanc tecum conspicio
simul?

35 **AMPH.** Quid nunc, mulier? Audin illum? **ALC.** Ego vero,
ac falsum dicere.
AMPH. Neque tu illi neque mihi viro ipsi credis?
ALC. Eo fit, quia mihi
plurimum credo et scio istaec facta proinde, ut proloquor.

AMPH. Tun me heri advenisse dicis? **ALC.** Tun te abiisse
hodie hinc negas?
AMPH. Nego enim vero, et me advenire nunc primum aio
ad te domum. [...]

40 **ALC.** Obsecro, etiamne hoc negabis te auream pateram mihi
dedisse dono hodie, qua te illic donatum esse dixeras?
AMPH. Neque edepol dedi neque dixi; verum ita animatus fui
itaque nunc sum, ut ea te patera donem. Sed quis istuc tibi
dixit? **ALC.** Ego equidem ex te audivi et ex tua accepi manu

45 pateram. **AMPH.** Mane, mane, obsecro te. Nimis demiror,
Sosia,
qui illaec illic me donatum esse aurea patera sciat,
nisi tu dudum hanc convenisti et narravisti haec omnia.
SOS. Neque edepol ego dixi neque istam vidi nisi
tecum simul.

tūte = tū
adstāre: dabeistehen
autumāre: behaupten, sagen
īnsānīre: verrückt sein

ipsus = ipse

audīn = audīsne
vērō *erg.* audiō
ac *erg.* audiō illum

eō fit, quia: das ist so, weil
facta *erg.* esse
proinde *Adv.:* genauso
proloquī = loquī

quā ... dīxerās: *zur Überset-*
zung s. S. 23
animātus: gewillt

manē: *hier:* halt (ein)!
dēmīrārī: sich sehr wundern
illaec = illa + -ce

1 Untersuche Sosias Rolle in dieser Passage.

2 Erkläre die Bedeutung der *patera aurea* für Alcumena und Amphitruo sowie für den
Zuschauer bzw. Leser.

Übersetzungtechnik: Der verschränkte Relativsatz

Beispiel V. 40 f.:
Etiamne hoc negabis te auream pateram mihi
dedisse dono hodie, qua te … donatum esse dixeras?

Die Übersetzung des ersten Teils dürfte dir keine größeren Probleme bereiten, aber schwierig wird es mit dem Relativsatz *qua … dixeras*, da die Form des Relativpronomens durch den aci *te … donatum esse* bedingt ist.
Der Ausdruck lässt sich in zwei Aussagen auflösen:

pateram, qua tu donatus erat:	die Schale, mit der du beschenkt worden warst
dixeras te patera donatum esse:	du hattest gesagt, du seist mit der Schale beschenkt worden.

Diese beiden Aussagen sind im Beispielsatz zu einer einzigen verbunden bzw. „verschränkt". Dabei wird *patera* durch das zu *donatum esse* passende Relativpronomen *qua* ersetzt.
Für die Übersetzung des Ganzen braucht man ein wenig Fantasie. Hier bieten sich zwei Möglichkeiten an:
die Schale, mit der du, wie du gesagt hattest, beschenkt worden warst
die Schale, mit der du angeblich beschenkt worden warst

Der Dichter der Tragödie und der Schauspieler der Komödie; römisches Mosaik, Anfang 3. Jahrhundert. Fundort: Haus der Masken in Hadrumetum (Sousse, Tunesien) 1963.

Teil 4
Alcumena lässt die Schale holen – Amphitruo ist fassungslos und fragt noch einmal nach.

AMPH. Ain heri nos advenisse huc? **ALC.** Aio,
adveniensque ilico
50 me salutavisti, et ego te, et osculum tetuli tibi.
AMPH. Iam illud non placet principium de osculo.
Pergam exsequi.
ALC. Lavisti. **AMPH.** Quid postquam lavi? **ALC.**
Accubuisti. [...]

Cena apposita est; cenavisti mecum, ego accubui simul.

AMPH. In eodem lecto? **ALC.** In eodem. [...]
55 **AMPH.** [...] Quid postquam cenavimus?
ALC. Te dormitare aibas; mensa ablata est, cubitum
hinc abiimus.
AMPH. Ubi tu cubuisti? **ALC.** In eodem lecto tecum una
in cubiculo.
AMPH. Perdidisti. **SOS.** Quid tibi est? **AMPH.** Haec me
modo ad mortem dedit.

ALC. Quid iam, amabo? **AMPH.** Ne me appella.
SOS. Quid tibi est? **AMPH.** Perii miser,
60 quia pudicitiae huius vitium me hinc absente est additum.
ALC. Obsecro ecastor, cur istuc, mi vir, ex ted audio?
AMPH. Vir ego tuus sim? Ne me appella, falsa, falso
nomine. [...]
ALC. Quid ego feci, qua istaec propter dicta dicantur mihi?

AMPH. Tute edictas facta tua, ex me quaeris, quid
deliqueris.
65 **ALC.** Quid ego tibi deliqui, si, cui nupta sum, tecum fui?

AMPH. Tun mecum fueris? Quid illac impudente audacius?
[...]

---

ain = aisne?
īlicō *Adv.*: sogleich
ōsculum: Kuss
tetulī = tulī
prīncipium: Anfang
pergam exsequī: ich will noch
mehr wissen
lavāre, lāvī, lautum: waschen,
baden
quid *erg.* fēcī
accumbere, cubiō, cubitum:
sich zu Tisch legen
cēna: Essen
appōnere, posuī, positum:
(herbei)bringen
cēnāre: essen, speisen
lēctus: Bett; Speisesofa
Quid *erg.* fēcimus
dormītāre: schlafen wollen
aibās = aiēbās
mēnsa: Tisch
cubitum *Supinum 1*: um zu
ruhen
cubiculum: Schlafzimmer
perdidistī *erg.* mē
amābō = quaesō
pudicitia: Keuschheit, Ehre
huius: *gemeint ist Alcumena*
vītium: *hier*: Schandfleck
mī: *Vokativ zu* meus
tēd = tē
quā ... mihi: weshalb mir
diese Worte gesagt werden
> weshalb ich solches hören
muss?
tūte = tū
ēdictāre: erzählen
dēlinquere, līquī, lictum: sich
vergehen, etw. verbrechen
tibi: *fällt in der Übers. weg*
impudēns, ntis: schamlos,
unverschämt
audāx, ācis; *Adv.* audacter:
kühn, verwegen

---

1 Beschreibe den zeitlichen Ablauf von Amphitruos Besuch. Nenne lateinische Stich-
punkte.

2 (a) Belege am Text, wie Amphitruo die Schilderungen seiner Frau interpretiert.
(b) Nimm Stellung zu seiner Deutung.

3 Erläutere Alcumenas Reaktion V. 65.

4 Beschreibe die unten abgebildete Gastmahlszene und vergleiche sie mit Alcumenas Schilderung V. 53f.

Wandmalerei einer Bankettszene mit dienenden Sklaven, Pompeji. Fotograf: Jochen Hähnel/terz advertising, Berlin / LWL Römermuseum

Teil 5

AMPH. Pro di immortales, cognoscin tu me saltem, Sosia?
SOS. Propemodum. **AMPH.** Cenavin ego heri in navi
in portu Persico?
60 **ALC.** Mihi quoque adsunt testes, qui illud, quod ego dicam,
adsentiant.
SOS. Nescio, quid istuc negoti dicam, nisi si quispiam est
Amphitruo alius, qui forte ted hinc absenti tamen
tuam rem curet teque absente hic munus fungatur tuum. [...]
AMPH. Nescio, quis praestigiator hanc frustratur mulierem.

65 **ALC.** Per supremi regis regnum iuro et matrem familias
Iunonem, quam me vereri et metuere est par maxime,
ut mi extra unum te mortalis nemo corpus corpore
contigit, quo me impudicam faceret. **AMPH.** Vera istaec
velim.
ALC. Vera dico, sed nequiquam, quoniam non vis credere.
70 **AMPH.** Mulier es, audacter iuras. **ALC.** Quae non deliquit,
decet
audacem esse, confidenter pro se et proterve loqui. [...]

Non ego illam mihi dotem duco esse, quae dos dicitur,
sed pudicitiam et pudorem et sedatum cupidinem,
deum metum, parentum amorem et cognatum concordiam,

75 tibi morigera atque ut munifica sim bonis, prosim probis.

SOS. Ne ista edepol, si haec vera loquitur, examussim est
optima. [...]
AMPH. Mulier, istam rem inquisitam certum est non
amittere.
ALC. Edepol me libente facies. **AMPH.** Quid ais? Responde
mihi,

---

prō + *Nom. (im Ausruf)*: bei
cōgnōscin = cōgnōscisne
propemodum *Adv.*: beinahe,
so ungefähr
Persicus: persisch
adsentīre + *Akk.*: bestätigen
quid istuc nēgōtī dīcam: was
ich dazu sagen soll
quispiam: irgendein
tēd = tē
fungī, or, fūnctus sum: ausführen, verrichten
praestīgiātor, ōris *m.*: Betrüger
frūstrārī: täuschen
suprēmus: oberster, höchster
familiās = familiae
par est + *aci*: es ziemt sich
extrā + *Akk.*: außer
quō: *bezieht sich auf* corpore
impudīcus: unzüchtig, unan-
ständig
istaec *erg.* esse
nēquīquam *Adv.*: vergeblich
quae = eam, quae
cōnfīdēns, tis: zuversichtlich,
mutig
protervus: dreist
dōs, dotis *f.*: Mitgift
dūcere: *hier:* meinen
sēdātus: beruhigt, gezähmt
cupīdō, dinis *m.*: Leidenschaft,
Begierde
deūm = deōrum
cōgnātūm concordia: harmo-
nisches Zusammenleben mit
der Verwandtschaft
mōrigerus: gehorsam
mūnificus + *Dat.*: mildtätig/
freigebig gegenüber
prōdesse, prōsum, prōfuī:
nützen, nützlich sein
nē *Versicherungspartikel*: tatsäch-
lich, wahrhaftig
examussim: vollkommen
inquīsītum āmittere: ununter-
sucht, ungeprüft lassen
āmittere *erg.* mē
mē libente: von mir aus gern
faciēs ≈ faciās

quid si adduco tuum cognatum huc a navi Naucratem,

80 qui mecum una vectust una navi, atque is si denegat
facta, quae tu facta dicis, quid tibi aequum est fieri?

Numquid causam dicis, quin te hoc multem matrimonio?

ALC. Si deliqui, nulla causa est. **AMPH.** Convenit. Tu,
Sosia,
duc hos intro. Ego huc ab navi mecum adducam Naucratem.

cōgnātus: Verwandter
Naucrātēs, is *m: Eigenname*
dēnegāre: leugnen, abstreiten
quid … fiērī?: was verdienst
du dann?
numquid?: etwa?
causam dīcere, quīn: einen
Grund sagen, warum nicht
mātrimōniō multāre: mit der
Ehescheidung bestrafen
convenit: einverstanden
hōs = servōs

1 Notiere die lateinischen Schlüsselwörter, die zeigen, welche Folgerungen Sosia und Amphitruo aus Alcumenas Behauptungen ziehen (V. 61–64).

2 Analysiere die Mittel, mit denen Alcumena ihre Glaubwürdigkeit unterstreicht.

3 Charakterisiere (a) Alcumenas Selbstbild, (b) Amphitruos Frauenbild und nimm Stellung. Beziehe dabei die Fotos mit ein.

4 Kommentiere Amphitruos Absicht, Alcumenas Verwandten Naucrates herbeiholen zu lassen, und prüfe, ob dessen Erscheinen hilfreich sein könnte.

Zu den Teilen 1 – 5

1 Fasse den Inhalt von Text 4 zusammen und vergleiche deine Zusammenfassung mit den Stichpunkten zu Teil 1, Aufgabe 1.

2 Charakterisiere das Verhalten von Amphitruo und Alcumena in dieser Szene und bewerte es.

3 Untersuche die Passage im Hinblick auf komische Elemente und die Mittel, mit denen Plautus die Komik bewirkt.

4 Stelle Vermutungen darüber an, wie sich die Handlung weiterentwickeln wird.

5 Juppiter und Alcumena (V. 882–948, gekürzt)

Teil 1

ALC. Durare nequeo in aedibus. Ita me probri,

stupri, dedecoris a viro argutam meo! [...]

Atque id me susque deque esse habituram putat. [...]

Sed eccum video, qui me miseram arguit

5 stupri, dedecoris. **IUPP.** Te volo, uxor, conloqui. [...]

Nimis iracunda es. *Er greift nach ihrer Hand.*
             ALC. Potin ut abstineas manum?
Nam certo, si sis sanus aut sapias satis,
quam tu impudicam esse arbitrere et praedices,
cum ea tu sermonem nec ioco nec serio
10 tibi habeas, nisi sis stultior stultissimo.

IUPP. Si dixi, nihilo magis es, neque ego esse arbitror,
et id huc reverti, uti me purgarem tibi.

Nam numquam quicquam meo animo fuit aegrius,
quam postquam audivi ted esse iratam mihi.
15 Cur dixisti? inquies. Ego expediam tibi.
Non edepol quo te esse impudicam crederem;
verum periclitatus sum animum tuum,
quid faceres et quo pacto id ferre induceres.
Equidem ioco illa dixeram dudum tibi,

---

dūrāre: *hier:* bleiben
nequīre, nequeō, nequiī/nequīvī: nicht können
mē ... argūtam!: ich werde ... bezichtigt! *(Akk. des Ausrufs)*
probrum: Unzucht, Ehebruch
stuprum: Schande, Hurerei
dēdecus, oris *n.*: Schande, Lasterhaftigkeit
argūtus + Gen.: bezichtigt, beschuldigt
id susque dēque habeō: das ist mir egal
eccum!: (sieh) da!
arguere, arguī, argūtum + *Gen.*: einer Sache beschuldigen
conloquī aliquem = loquī cum aliquō
īrācundus: (jäh)zornig
Potin ... manum?: Kannst du meine Hand loslassen?
arbitrēre = arbitrēris
quam ... praedīcēs: *stelle den Relativsatz hinter* cum eā; *zur Übersetzung s. S. 23*
iocus: Scherz
sēriō: im Ernst
tibi: *fällt in der Übers. weg*
nihilō magis es: du bist es nicht
esse *erg.* tē impudīcam
id: *hier:* deshalb
utī = ut
purgāre alicui: sich bei jmd. entschuldigen
aeger, gra, grum: *hier:* schmerzlich
tēd = tē
expedīre: *hier:* erklären

nōn ... quō: nicht ... weil

perīclitārī: prüfen
quō pāctō: wie
ferre indūcerēs = ferrēs

₂₀ ridiculi causa. Vel hunc rogato Sosiam.

ALC. Quin huc adducis meum cognatum Naucratem
testem, quem dudum te adducturum dixeras,
te huc non venisse? **IUPP.** Si quid dictum est per iocum,

non aequum est id te serio praevertier.
₂₅ **ALC.** Ego illud scio, quam doluerit cordi meo.
IUPP. Per dexteram tuam te, Alcumena, oro obsecro,
da mihi hanc veniam, ignosce, irata ne sies.

rīdiculī causā: aus Spaß
rogātō: *Imperativ 2*
quīn?: warum denn nicht?
cōgnātus: Verwandter
Naucratēs, is *m: Eigenname*
quem ... dīxerās: *stelle den
Relativsatz hinter* Naucratem
testem: *prädikativ; davon abhängig*
tē ... vēnisse
sēriō praevertier (= praevertī):
ernst nehmen
dolēre: *hier: mit Dat.*
per: *hier:* bei
venia: Verzeihung

1 Suche aus dem Text alle lateinischen Begriffe zum Sachfeld „Gefühle" und erstelle
eine Mindmap.

2 Erläutere Alcumenas Gefühlszustand.

3 Vergegenwärtige dir noch einmal den bisherigen Handlungsablauf und erkläre vor
diesem Hintergrund, wieso jetzt wieder Juppiter erscheint.

4 (a) Notiere die lateinischen Schlüsselwörter, mit denen Juppiter sein bzw. Amphitruos
früheres Verhalten gegenüber Alcumena (Text 4) zu erklären versucht. Bewerte seine
Äußerungen. b) Versetze dich in Alcumenas momentane Situation: Wärst du bereit zu
verzeihen? Warum (nicht)?

5 Beschreibe das Vasenbild und deute die Szene.

Glockenkrater des Assteas: Juppiter und Mercur bei Alcumena, 350–325 v.Chr.

Teil 2

ALC. Ego istaec feci verba virtute irrita;
nunc, quando factis me impudicis abstini,
30 ab impudicis dictis averti volo.

Valeas, tibi habeas res tuas, reddas meas.
Iuben mi ire comites? **IUPP.** Sanan es? **ALC.** Si non iubes,
ibo egomet; comitem mihi Pudicitiam duxero.

IUPP. Mane. Arbitratu tuo ius iurandum dabo
35 me meam pudicam esse uxorem arbitrarier.
Id ego si fallo, tum te, summe Iuppiter,
quaeso, Amphitruoni ut semper iratus sies.

ALC. A, propitius sit potius. **IUPP.** Confido fore;
nam ius iurandum verum te adversum dedi.
40 Iam nunc irata non es? **ALC.** Non sum. **IUPP.** Bene facis.

ALC. Primum cavisse oportuit, ne diceres,
verum eadem si isdem purgas mi, patiunda sunt. […]

IUPP. Iube vero vasa pura adornari mihi,
ut, quae apud legiones vota vovi, si domum

45 rediissem salvus, ea ego exsolvam omnia.

Glossen (rechte Spalte):

irritum facere: widerlegen
abstinī = abstinuī
abstinēre, uī + *Abl.*: sich enthalten
impudīcīs dictīs: *gemeint sind die Alcumena gemachten Vorwürfe*
dictum: Wort
āvertī: sich abwenden
iubēn = iubēsne
mī ≈ mēcum
ībō *erg.* sōla
mihi ≈ mēcum
arbitrātū tuō: nach deinem Willen
pudīcus: sittsam, keusch
arbitrārier = arbitrārī
id fallere: einen Meineid schwören
ā: ah!, ach!
propitius: gnädig
cōnfīdō *erg.* illum propitium
tē adversum = adversus tē
adversus + *Akk.*: gegen, gegenüber
cāvisse … dīceres: du hättest mit deinen Worten vorsichtiger sein müssen
eadem: für diese Dinge
īsdem: *fällt in der Übers. weg*
purgāre alicui: sich bei jmd. entschuldigen
patī: *hier:* hinnehmen
vāsum: Gefäß, Schale
pūrus: rein; *die* vasa pura *dienen den Dingen, die man den Göttern opfert*
adōrnāre: *hier:* bereitstellen
vōtum: Gelübde
vovēre, vōvī vōtum: geloben
exsolvere: einlösen, erfüllen

---

1 Erläutere (a) V. 31-33 und (b) 36f.

2 Erkläre Alcumenas Stimmungsumschwung.

Zu den Teilen 1 – 2

Versetze dich in die Rolle des Publikums. Mit wem fühlst du mit? An welchen Stellen würdest du lachen? Überlege auch, warum.

6 Amphitruo allein (V. 1009–1018)

AMPH. Naucratem, quem convenire volui, in navi
        non erat,
neque domi neque in urbe invenio quemquam, qui illum
        viderit.
nam omnes plateas perreptavi, gymnasia et myropolia;

apud emporium atque in macello, in palaestra atque
        in foro,
5 in medicinis, in tonstrinis, apud omnes aedes sacras
sum defessus quaeritando: Nusquam invenio Naucratem.

Nunc domum ibo atque ex uxore hanc rem pergam
        exquirere,
quis fuerit, quem propter corpus suum stupri compleverit.

Nam me quam illam quaestionem inquisitam hodie
        amittere
10 mortuum satiust.

Naucratēs, is *m.: Eigenname*

platēa: Strasse, Gasse
perreptāre + *Akk.*: durch etw. kriechen
gymnasium: Sportplatz
myropōlium: Parfümerie
emporium: Markt, Handelsplatz
macellum: Fleischmarkt
palaestra: Ringschule, -platz
medicīna: Arztpraxis
tōnstrīna: Barbierstube
dēfetīscī, or, dēfessus sum: völlig ermüden, sich erschöpfen
quaeritāre: (eifrig) suchen
nusquam *Adv.*: nirgends
exquīrere aliquid ex aliquō: jmd. wegen etwas verhören
stūprī complēre: mit Schande beflecken
quaestiō, ōnis *f.*: Frage, Untersuchung
inquīsītum āmittere: ungeklärt lassen
mortuum erg. esse
satius est + *aci:* es wäre besser

---

1   Vergleiche mit Text 4, Teil 5, V. 79ff. und nenne Gründe für Amphitruos Suche nach Naucrates.

2   V. 1–5 nennen die Orte, an denen Amphitruo Naucrates vermutet und die zugleich einen kurzen Blick in das Alltagsleben einer antiken Stadt erlauben. Schreibe diese Orte aus dem Text heraus und überlege, was Naucrates wohl jeweils dort hätte machen können. Ziehe ggf. ein Lexikon zum römischen Alltag oder das Internet hinzu.

3   Erläutere Amphitruos Gefühlslage am Ende dieser Passage und vergleiche mit deiner Reaktion.

7 Alcumena und Amphitruo (Ergänzung IV 2a, gekürzt)*

Teil 1

ALC. Amphitruo nunc quam comis est, quam leniter
me appellat, qui dudum modo iratus fuit.
Eius animum itinere credo fessum maximo,
qui omnes praevenit nuntians victoriam.
5 Ideoque mihi victori ignoscendum puto.

cōmis, e: freundlich
lēnis, e: sanft
fessum *erg.* esse
fessus: müde, erschöpft
praevenīre, vēnī aliquem: jmd.
zuvorkommen
ideō: deshalb
īgnōscendum *erg.* esse

*Amphitruo, der von Merkur unter heftigen Beschimpfungen zunächst daran gehindert worden war,
sein Haus zu betreten, erscheint mit einigen Freunden.*

ALC. Miror, te, Amphitruo, quod tu iam subito domo
te extraxti. Amicos quod vero invitas tuos
ad prandium, laudo equidem. Sed cur tristis es?

AMPH. Rogas me, vae scelesta, quae mihi hoc ostium

10 occludi iusseras, maledicta pessima

in me geri et minari res foedissimas.

extrāxtī = extrāxistī
sē extrahere, trāxī: sich fortsteh-
len
invītāre: einladen
prandium: zweites Frühstück,
Imbiss
vae: wehe (dir)
scelestus: frevelhaft, elend
ōstium: Tür
occlūdere: verschließen, ver-
sperren
maledictum: Schmähung, Beschimpfung
minārī: (an)drohen
foedus: hässlich, scheußlich

ALC. Iterum insanire occepit. Vae miserae mihi.
Modo intus mecum tu fuisti in aedibus,
tener atque blandus, ut maritum condecet.
15 **AMPH.** [...] Insanin ultro, postquam a te abscessit pudor?

Quis est adulter, qui hanc docet lasciviam?
ALC. Iterum iam insimulas me probri? Nugas agis,

tener, a, um: zart, zärtlich
blandus: schmeichelnd
marītus: Ehemann
condecet = decet
īnsānīn? = īnsānīsne?
ultrō *Adv.*: auch noch
abscēdere, cessī: verlassen
adulter, terī *m.*: Ehebrecher
lascīvia: *hier:* Frechheit
īnsimulāre + *Gen.*: einer Sache
beschuldigen
nūgās agere: Unsinn reden

· Im lateinischen Text gibt es eine große Lücke. Sie umfasst u.a. die Szene, in der Amphitruo
das Verhör der Alcumena fortsetzt; die Szene, in der sich Jupiter und Amphitruo um ihre
»Echtheit« streiten; den Anfang der Szene, in der Blepharo, ein Bekannter Amphitruos, als
Zeuge entscheiden soll, wer der echte Amphitruo ist. Die Texte 7 und 8 sind moderne Er-
gänzungen von J. Blänsdorf (T. Maccius Plautus: Amphitruo. Lat./dt. Übers. und hrsg. von J.
Blänsdorf. Stuttgart [Reclam] 1995, S. 106–108; 116–122).

nam exiuravisti te mihi dixe per iocum.

AMPH. Quid ego audio? Nec enim ullum verbum de probris,

postquam abii, dixi nec ioco nec serio. [...]

20 **ALC.** [...] Iuravisti hic tu modo

te tuam pudicam esse uxorem arbitrarier.

AMPH. Ut vellem te esse – sed qui possum credere?

Nam quae tu audacter dicis, ea numquam scio

25 me dixisse. Ita mi mentiri ipsa indicas. [...]

exiūrāre = iūrāre
dīxe = dīxisse

sēriō: im Ernst

pudīcus: sittsam, keusch
arbitrārier = arbitrārī
esse erg. pudīcam

mentīrī: lügen

1 Erläutere Alcumenas Stimmung (V. 1–5).

2 Schreibe aus dem Text die lateinischen Wörter und Ausdrücke heraus, die Gegensätze bezeichnen.

3 Erkläre das Missverständnis zwischen Alcumena und Amphitruo. Für wen empfindest du mehr Sympathie? Begründe.

4 Informiere dich über die Funktion der Maske im römischen Schauspiel und beschreibe vor diesem Hintergrund die hier abgebildete. Ziehe auch die Abbildung auf S. 25 hinzu und erläutere die Bedeutung des Wortes persōna (vgl. per-sonāre).

Teil 2

ALC. Quid autem de te, quid animo factum est tuo?
Modo hilaris mihi videris, tum autem tristior,
laudas, castigas, iuras, abiuras statim:
Deliras semper, quando existi ex aedibus.
30 Quaeso advenienti morbo medicari iube.
Tu certe aut larvatus aut cerritus es.
AMPH. Tibine insanire videor? Confidas tibi,
cum te praesente rex et manuplares mei
popularesque omnes testificantur me nihil
35 umquam mentitum, mulieris mendacia,
maledicta, malefacta inmerito me perpeti.

Fiat inter nos divortium. **ALC**. Miseretne te?
AMPH. Cuius? Quae me absente corpus vulgavit suum?
ALC. Quamquam nunc tempus instat pariendi mihi,
40 abeo, ut vis. [...]
Mane hic ante aedes, dum meam dotem congeram.

hilaris, e: heiter
castīgāre: tadeln
abiūrāre: abschwören

iubē medicārī + *Dat.*: lass etw. behandeln
larvātus: besessen, verhext
cerrîtus: verrückt

manip(u)lāris, is *m.*: Soldat
populārēs ≈ Thēbānī
testificārī: bezeugen
mentītum *erg.* esse
mendācium: Lüge
maledictum: Beschimpfung, Schmähung
malefactum: Übeltat
immeritō *Adv.*: unverdient
perpetī = patī
dīvortium: Scheidung
miseret aliquem alicuius: jmd. tut jmd. leid
quae = eius, quae
vulgāre: feilbieten
congerere: einsammeln, zusammentragen einsammeln

1 Suche aus dem Text alle lateinischen Begriffe zum Sachfeld „Krankheit" heraus und erstelle eine Mindmap.

2 Sammele aus dem Text die Indizien, die Alcumena für Krankheitssymptome hält.

3 (a) Nenne die Gründe, aus denen Amphitruo die Scheidung will. Zitiere lateinisch. –
(b) Informiere dich über die verschiedenen Formen der römischen Ehe und Scheidung und bereite ein Referat vor.
(c) Plautus ist zwar ein römischer Dichter, aber ursprünglich spielt die Geschichte in Griechenland. Wie verhielt es sich da mit Ehe und Scheidung? Recherchiere auch dies.

4 Erläutere Alcumenas Reaktion auf die Ankündigung Amphitruos.

Zu den Teilen 1 – 2

1 Versetze dich in die beiden Personen und nimm Stellung zu ihren Gefühlen.

2 Beurteile diese Szene und begründe deine Einschätzung.

8 Doppelgänger (Ergänzung IV 3, gekürzt)

Teil 1
Amphitruo wird von Sosias und einigen thebanischen Bürgern, darunter Blepharo, begleitet. Als er sein Haus betritt, sieht er zum ersten Mal seinen Doppelgänger.

AMPH. Tantam audaciam impudentem! Hunc uti vestitu meo et meam domum occupasse et sibi sumpsisse mulierem.

Nilne te pudet, sceleste, populi in conspectum ingredi?

Nunc id est, Thebani cives, cum vestrum auxilium petam
5 contra eum, qui tam impudens flagitium fecit mulieri.

IUPP. Manifestum hunc obtorto collo teneo furem flagitii.
AMPH. Immo ego hunc, Thebani cives, qui domi uxorem meam impudicitia impedivit, teneo, thesaurum stupri.

[…] Nunc vincite lusorem meum.

10 Namque is clandestino hac noctu in aedes irrepsit meas.

IUPP. Ego sum Amphitruo, vincite illunc, qui aedes aggreditur meas.
BLE. Qui illi officium facere audebunt, si, utri faciant, nesciunt.

Randglossen:

tantam … impudentem: *Akk. des Ausrufs*
hunc ūtī … occupā(vi)sse … sūmpsisse: *übersetze den aci als normalen Aussagesatz*
vestītus, ūs *m.*: Kleidung
nīl: *hier:* überhaupt nicht
pudet: es erfüllt mit Scham
in cōnspectū populī ingredī: dem Volk unter die Augen treten
id *erg.* tempus est, cum + *Konj.*: der Zeitpunkt ist da, wo
facere: *hier:* antun
manifestus: ertappt, überführt
obtortō collō teneō: ich habe an der Kehle gepackt
fur, is *m.* flāgitiī: gemeiner Schurke
impudīcitiā impedīre: zur Unkeuschheit verleiten
thēsaurus stuprī: Ausbund an Hurerei
vincīre, vīnxī, vīnctum: fesseln
lūsor, ōris *m.* meus: der, der mich verspottet/betrogen hat
clandestīnō *Adv.*: heimlich
noctū = nocte
irrēpere, rēpsī: hineinschleichen
illī: *gemeint sind die anwesenden Thebaner*
uter, tra, trum; *Gen.* utrīus; *Dat.*; utrī: wer (von beiden)

1 Beschreibe Amphitruos Reaktion auf den Anblick Juppiters. Zitiere lateinisch.

2 Charakterisiere Juppiters Verhalten in dieser Szene.

3 Spielt die Szene nach.

Teil 2

Blepharo, der von Juppiter-Amphitruo zum Essen eingeladen ist und Amphitruo gut kennt, wird zum Schiedsrichter bestellt: Er soll den echten Amphitruo herausfinden.

BLE. Dic mihi tu: Quem nominas te? **AMPH.** Amphitruo.

BLE. Et tu? **IUPP.** Amphitruo, haud secus.   secus *Adv.*: anders

BLE. Tu autem ubi habitas? **AMPH** In illisce aedibus.   egō *erg.* in illīsce aedibus ha-

BLE. Quid nunc ais tu? **IUPP.** Immo ego.   bitō

15 **BLE.** Quae est uxor tua? **AMPH.** Alcumena, quae me
                 misere perdidit.

BLE. Quae tua autemst? **IUPP.** Alcumena, quam pereo   quam: *hier*: um deretwillen
                 miseris modis.

BLE. Sic videtur Amphitruo esse uterque. Experiar denuo.   dēnuō *Adv.*: von neuem,
Dicite ergo: Quis vestrorum ad urbem misit Sosiam?   nochmals
AMPH. Ego mandavi, ut nuntiaret adventum.   vestrôrum: *Gen. zu* vōs

                 BLE. Ergo noster es.

20 Dicite autem, quis vestrum ire ad portam iussit Sosiam?   vestrūm: *Gen. zu* vōs
IUPP. Ego illum misi, ut te vocaret. **BLE.** Ergo
                 Amphitruo es tu quoque.
Iterum experiar. Quis vestrorum mulierem probri arguit?
AMPH. Ego. **BLE.** Tu noster certe es. Quis revenit   revenīre in grātiam: sich ver-
                 rursum in gratiam?   söhnen
                 rūrsum = rūrsus
IUPP. Ego. **BLE.** Tu quoque decet nostrum esse. Nunc
                 inopiast consili.   cōnsilī = cōnsiliī

25 **IUPP.** Nisi qui deus hic nobis adsit, desperandum censeo.   dēspērandum *erg.* esse
Neque opus est nunc his amicis neque te tam bono arbitro,   arbiter, trī *m.*: Schiedrichter
qui nequeas, nostrorum uter sit Amphitruo, decernere
nec utri sit nupta Alcumena nec utri pariat filium.   nostrōrum: *Gen. zu* nōs
BLE. Vos eam inter vos partite; ego abeo, mihi
                 partīrī: (auf)teilen
                 negotium est.

1 (a) Erläutere, wie Blepharo sein Verhör führt und zu welchem Ergebnis er kommt.
  (b) Überlege, ob es auch andere Möglichkeiten zur Klärung der Lage gegeben hätte.

2 Kommentiere V. 25 und seine Wirkung auf die Zuschauer.

3 Spielt die Szene.

4 Stelle Vermutungen darüber an, wie die Geschichte weitergehen könnte.

9 Was tun? (V. 1039–1052)

IUPP. Intro ego hinc eo. Alcumena parturit . –

AMPH. Perii miser.
Quid ego faciam, quem advocati iam atque amici
deserunt?
Numquam edepol me inultus istic ludificabit, quisquis est;
Nam iam ad regem recta me ducam resque, ut facta est,
eloquar.

5 Ego pol illum ulciscar hodie Thessalum veneficum,

qui perverse perturbavit familiae mentem meae.
Sed ubi illest? Intro edepol abiit, credo ad uxorem meam.
10 Qui me Thebis alter vivit miserior? Quid nunc agam,
quem omnes mortales ignorant et ludificant, ut libet.
Certumst, intro rumpam in aedes: Ubi quemque hominem
aspexero,
si ancillam seu servum sive uxorem sive adulterum
seu patrem sive avum videbo, obtruncabo in aedibus.
Neque me Iuppiter neque di omnes id prohibebunt,
si volent,
quin sic faciam, uti constitui. Pergam in aedes nunciam.

---

parturīre: in den Wehen liegen

advocātus: Helfer

inultus: ungestraft
lūdificāre: täuschen, zum Narren halten
rēctā Adv.: geradewegs
ēloquī, or, locūtus sum: erzählen
pol = edepol
ulcīscī, or, ultus sum: rächen, sich an jmd. rächen
Thessalus venēficus: thessalischer Hexenmeister; *die Thessalier waren in der Antike für ihre Hexenkünste bekannt*
perversē Adv.: auf üble Weise
quī … alter: welcher andere
Thēbae, ārum f. Pl.: Theben

ancilla: Sklavin
adulter, erī m.: Ehebrecher
obtruncāre: niedermetzeln
id: hier: daran

utī = ut
nunciam Adv.: jetzt gleich

---

1 Analysiere die Gefühle Amphitruos und beschreibe, wie Plautus diese Gefühle sprachlich darstellt. Belege deine Aussagen am Text.

2 Zitiere lateinisch die Schritte, die er jetzt unternehmen will. Nimm Stellung.

10 Zwillinge (V. 1059–1130, gekürzt)

Plötzlich blitzt und donnert es im Palast. Amphitruo stürzt betäubt zu Boden. Kurz darauf verlässt Amphitruos Sklavin Bromia das Haus.

Teil 1

BROM. Caput dolet neque audio nec oculis prospicio satis
nec me miserior femina est neque ulla videatur magis.
Ita erae meae hodie contigit. Nam ubi parturit, deos sibi
invocat,
strepitus, crepitus, sonitus, tonitrus: Ut subito, ut propere, ut
valide tonuit!

5 Ubi quisque institerat, concidit crepitu. Ibi nescio quis
maxima
voce exclamat: 'Alcumena, adest auxilium, ne time:
et tibi et tuis propitius caeli cultor advenit.
Exsurgite' inquit 'qui terrore meo occidistis prae metu.'

Ut iacui, exsurgo. Ardere censui aedes, ita tum confulgebant.

10 Ibi me inclamat Alcumena; iam ea res me horrore afficit,

erilis praevertit metus: Accurro, ut sciscam, quid velit.

Atque illam geminos filios pueros peperisse conspicor;
neque nostrum quisquam sensimus, cum peperit, neque
providimus.

era: Herrin
contigit: es ist passiert
invocāre: anrufen
strepitus, ūs *m.*: Lärm, Getöse
crepitus, ūs *m.*: Geknatter, Dröhnen
sonitus, ūs *m.*: Brausen
tonitrus, ūs *m.*: Donner(schlag)
properē *Adv.*: *hier:* nah
validus: stark
tonuit: es hat gedonnert
īnstiterat: er stand
concidere, cidō, cidī: zusammenfallen, -brechen
exclāmāre: ausrufen
cultor, ōris *m.*: Bewohner
exsurgere: sich erheben, aufstehen
occidere, cidō, cidī: umkommen, untergehen
terror, ōris *m.*: Schrecken
prae + *Abl.*: vor
ardēre, arsī, arsum: brennen
confulgēre: erglänzen, erstrahlen
inclāmāre: (um Hilfe) anrufen
horror, ōris *m.*: Entsetzen
erīlis, e: vor der Herrin
praevertere: *hier:* siegen
accurrere: herbeieilen
scīscere: erfahren, sich erkundigen
geminus: Zwilling
cōnspicārī: sehen
nostrum: *Gen. zu* nōs

₁₅ Sed quid hoc? Quis hic est senex, qui ante aedes nostras sic
iacet?

Numnam hunc percussit Iuppiter?

numnam?: etwa?
percutere, iō, cussī, cussum:
durchbohren, erschüttern,
zermalmen

Credo edepol, nam, pro Iuppiter, sepultust, quasi sit mortuus.
Ibo et cognoscam, quisquis est. Amphitruo hic quidem est
erus meus.

prō + *Nom. (im Ausruf)*: bei
sepultus est: *hier*: er liegt so
ruhig da

1 Gliedere den Text und gib den einzelnen Abschnitten deutsche Überschriften.

2 Erläutere den Zustand, in dem sich Bromia befindet. Zitiere lateinische Schlüsselwörter.

3 Wem gehört die Stimme in V. 6–8?

4 Charakterisiere die hier beschriebene Situation und ihre Begleitumstände.

5 Informiere dich über die Attribute des Juppiter (Zeus). Berücksichtige auch die Abbildung.

Juppiter auf dem Dach des Rastatter Schlosses, Fotograf: Martin Dürrschnabel

Teil 2

BROM. Amphitruo. **AMPH.** Perii. **BROM.** Surge.
AMPH. Interii. **BROM.** Cedo manum. **AMPH.** Quis
                          me tenet?

20 **BROM.** Tua Bromia ancilla. **AMPH.** Totus timeo,
                   ita me increpuit Iuppiter.
Nec secus est, quasi si ab Acheronte veniam. Sed quid tu
                                 foras
egressa es? **BROM.** Eadem nos formido timidas terrore
                                impulit
in aedibus, tu ubi habitas. Nimia mira vidi. Vae mihi,
Amphitruo, ita mihi animus etiam nunc abest.
                    AMPH. Agedum expedi:
Scin me tuum esse erum Amphitruonem? **BROM.** Scio. […]

25 **AMPH.** Haec sola sanam mentem gestat meorum
                          familiarium.
BROM. Immo omnes sani sunt profecto. **AMPH.** At me
uxor insanum facit
suis foedis factis. **BROM.** At ego faciam, tu idem ut aliter
                            praedices,

Amphitruo, piam et pudicam esse tuam uxorem ut scias.
De ea re signa atque argumenta paucis verbis eloquar.
30 Omnium primum: Alcumena geminos peperit filios.

---

interīre, eō, iī, itum: untergehen, zugrunde gehen

manum cēdere: die Hand geben

ancilla: Sklavin

increpāre, crepuī: *hier*: hart treffen

Acherōn, onis *m.*: Unterwelt

forās *Adv.*: hinaus

formīdō, dinis *f.*: Grausen, Schrecken

timidus: furchtsam

impellere, pulī, pulsum: anstoßen, antreiben

agedum: auf denn!, los!

expedīre: *hier*: erzählen

scīn = scīsne

gestāre: *hier*: haben

familiārēs, ium *m.*: *hier*: Leute

īnsānus: wahnsinnig

faciam, ut: ich werde dafür sorgen, dass

idem aliter praedicāre: das Gegenteil sagen

pudīcus: sittsam, keusch

ut sciās: *abhängig von* faciam

1 Beschreibe die sprachliche Gestaltung der Verse 18–20 und erläutere, inwiefern sich Sprache und Inhalt hier entsprechen.

2 Nenne Amphitruos Befinden und Sorgen im Verlauf des Gesprächs.

3 Erörtere Bromias Rolle in dieser Szene.

4 Informiere dich über den antiken Acheron (V. 21) und erkläre die Abbildung.

5 Vergleiche das Gemälde von Hirémy-Hirschl mit dem von Hieronymus Bosch.

Adolf Hirémy-Hirschl, Die Seelen am Acheron, 1898

Hieronymus Bosch, Das Weltgerichtstriptychon, 1485–1505

Teil 3

AMPH. Ain tu, geminos? **BROM.** Geminos.

AMPH. Di me servant. **BROM.** Sine me dicere,

ut scias tibi tuaeque uxori deos esse omnes propitios.

AMPH. Loquere. **BROM.** Postquam parturire hodie

uxor occepit tua,

ubi utero exorti dolores, ut solent puerperae,

35 invocat deos immortales, ut sibi auxilium ferant,

manibus puris, capite operto. Ibi continuo contonat

sonitu maximo; aedes primo ruere rebamur tuas.

Aedes totae confulgebant tuae, quasi essent aureae.

AMPH. Quaeso absolvito hinc me extemplo, quando satis

40 deluseris.

Quid fit deinde? **BROM.** Dum haec aguntur, interea uxorem

tuam

neque gementem neque plorantem nostrum quisquam

audivimus;

ita profecto sine dolore peperit. **AMPH.** Iam istuc gaudeo,

utut erga me merita est. **BROM.** Mitte ista atque haec,

quae dicam, accipe.

---

ain = aisne

dīcere: *hier*: erzählen

uterus: Geburtswehen
exorīrī, ortus sum: eintreten, kommen
puerpera: Gebärende
invocāre: anrufen
opertus: verhüllt
continuō *Adv.*: sogleich
contonat: es donnert heftig
sonitus, ūs *m.*: Getöse
ruere, ruī, ruitūrum: (ein)stürzen
confulgēre: erglänzen, erstrahlen
absolvitō hinc mē: erlöse mich
extemplō *Adv.*: sofort, schnell
dēlūdere, lūsī: verspotten
gemere, uī, itum: seufzen, stöhnen
plōrāre: jammern, wehklagen
nostrūm: *Gen. zu* nōs
audīvimus: *im Deutschen* 3. *Pers. Sg.*
utut … merita est: was auch immer sie mir angetan hat
mittere: *hier*: beiseite lassen

---

1 Nenne die besonderen Umstände bei der Geburt der Zwillinge. Zitiere lateinisch.

2 Kommentiere die Reaktion Amphitruos auf Bromias Bericht.

Teil 4

BROM. Postquam peperit, pueros lavere iussit nos.

                                                      Occepimus.

45 Sed puer ille, quem ego lavi, ut magnust et multum valet!
Neque eum quisquam colligare quivit incunabulis.

BROM. Nimia mira memoras; si istaec vera sunt, divinitus
non metuo, quin meae uxori latae suppetiae sient.

BROM. [...] Postquam in cunas conditust,
50 devolant angues iubati deorsum in impluvium duo
maximi: Continuo extollunt ambo capita. **AMPH.** Ei mihi.

BROM. Ne pave. Sed angues oculis omnes circumvisere.

Postquam pueros conspicati, pergunt ad cunas citi.
Ego cunas recessim rursum versum trahere et ducere,

55 metuens pueris, mihi formidans; tantoque angues acrius
persequi. Postquam conspexit angues ille alter puer,
citus e cunis exsilit, facit recta in angues impetum:
alterum altera prehendit eos manu perniciter.

AMPH. Mira memoras, nimis formidolosum facinus
                                          praedicas;
60 nam mihi horror membra misero percipit dictis tuis.

---

lavere = lavāre

colligāre: wickeln
quīre, queō, quīvī: können
incūnābula, ōrum *n. Pl.:*
Windeln
dīvīnitus *Adv.:* von einem
Gott, durch göttliche Fü-
gung
nōn metuere, quīn: nicht
zweifeln, dass
suppetiae, ārum *f. Pl.:* Hilfe,
Beistand
cûnae, ārum *f. Pl.:* Wiege
dēvolāre: herabfliegen
anguis, is *m.:* Schlange
iubātus: mit einem Kamm
versehen
deorsum *Adv.:* hinunter
impluvium: Impluvium
continuō *Adv.:* sogleich
extollere, tulī: erheben
ei: ach, wehe
pavēre, pāvī: sich ängstigen
circumvisere = circumvisunt
circumvisere *(histor. Infinitiv):*
ringsum ansehen
cōnspicārī: erblicken
recessim rūrsum versum:
rückwärts
trahere ... dūcere ... perse-
quī (V. 55): *histor. Infinitive*
formīdāre: fürchten
tantō + *Komparativ:* umso
exsilīre: hinausspringen
rēctā *Adv.:* geradewegs
alterum alterā prehendit
eōs manū: er packt beide
(Schlangen), die eine rechts,
die andere links
pernīciter *Adv.:* schnell
formīdolōsus: grauenhaft
facinus: *hier:* Geschehen,
Ereignis
horror, ōris *m.:* Entsetzen
membrum: Glied
percipere: *hier:* erfassen,
befallen

60 Quid fit deinde? Porro loquere. **BROM.** Puer ambo angues
                                                    enecat.
Dum haec aguntur, voce clara exclamat uxorem tuam.
AMPH. Quis homo? **BROM.** Summus imperator divum
                                    atque hominum Iuppiter.
Is se dixit cum Alcumena clam consuetum cubitibus
eumque filium suum esse, qui illos angues vicerit;
65 alterum tuum esse dixit puerum. **AMPH.** Pol me
                                          haud paenitet,
si licet boni dimidium mihi dividere cum Iove.

Abi domum, iube vasa pura actutum adornari mihi,
ut Iovis supremi multis hostiis pacem expetam. [...]

porrō *Adv.*: weiter
ēnecāre: umbringen, töten
exclāmat: jemand ruft
clārus: *hier*: laut
dīvūm = deōrum
cōnsuētum (esse) cubitibus:
beigewohnt/geschlafen ha-
ben
pol = edepol
paenitet aliquem: es reut/
ärgert jmd.
bonum: *hier*: Glück
dīmidium: Hälfte
vāsum: Gefäß, Schale
adōrnāre: *hier*: bereitstellen
suprēmus: oberster, höchster
hostia: Opfer(tier)
expetere, petīvī, petītum:
erstreben, erflehen

1 Fasse mit eigenen Worten die Schilderung Bromias zusammen.

2 Amphitruo spricht zweimal von „mīra" (V. 47 und 59). Welche Ereignisse meint er
   damit?

3 Informiere dich in der Herkules-(Herakles-)Sage über die Herkunft der Schlangen und
   notiere Stichwörter.

4 Erläutere die Gründe für Juppiters Eingreifen.

5 (a) Analysiere die Reaktion Amphitruos auf Bromias Bericht.
   (b) Bewerte seine Reaktion.

Zu den Teilen 1 – 4

1 Informiere dich über die Bedeutung des Begriffs
   „deus ex machina" und lege dar, ob er auf diese Szene passt.

2 Beschreibe die Abbildung und vergleiche mit dem Text.

Herakles mit einer Schlange, Werk aus dem 2. Jh. n. Chr.
in den Kapitolinischen Museen in Rom

11 Ende gut, alles gut? (V. 1130–1146, gekürzt)

AMPH. Sed quid hoc? Quam valide tonuit!
              Di, obsecro vestram fidem.
IUPP. Bono animo es, adsum auxilio, Amphitruo, tibi
                             et tuis:
Nihil est, quod timeas. Hariolos, haruspices

   mitte omnes; quae futura et quae facta eloquar,
5 multo adeo melius quam illi, cum sum Iuppiter.
   Primum omnium Alcumenae usuram corporis
   cepi, et concubitu gravidam feci filio.
   Tu gravidam item fecisti, cum in exercitum
   profectu's: Uno partu duos peperit simul.
10 Eorum alter, nostro qui est susceptus semine,
   suis factis te immortali afficiet gloria.
   Tu cum Alcumena uxore antiquam in gratiam
   redi: Haud promeruit, quamobrem vitio verteres;

   mea vi subactast facere. Ego in caelum migro.

15 **AMPH.** Faciam ita, ut iubes, et te oro, promissa ut serves tua.
   Ibo ad uxorem intro. […]
   Nunc, spectatores, Iovis summi causa clare plaudite.

Glossar (rechte Randspalte):

tonuit: es hat gedonnert

hariolus: Wahrsager
haruspex, spicis *m.*: Opfer-
schauer, Seher
mittere: *hier*: wegschicken
quae futūra … facta *erg.* sint
multō adeō: sehr viel
cum: *hier*: weil
ūsūram alicuius reī capere:
etw. nutzen/besitzen
concubitus, ūs *m.*: Beischlaf
partus, ūs *m.*: Geburt
suscipere: *hier*: empfangen
sēmen, minis *n.*: Samen
antīquam in grātiam redīre:
sich wieder versöhnen
prōmerēre, meruī, quam-
obrem: verdienen, dass
vitiō vertere: Schuldvorwürfe
machen
subigere, ēgī, āctum: unter-
werfen zwingen
migrāre: sich begeben
prōmissum: Versprechen
spectātor, ōris *m.*: Zuschauer
alicuius causā: zu Ehren von
clārē: laut
plaudere, plausī, plausum:
Beifall klatschen

---

1 Gliedere die Rede Juppiters und gib jedem Abschnitt eine deutsche Überschrift.

2 Informiere dich in der Herkules-Sage über die Taten (V. 11), die Juppiters Prophezeiung bestätigen, und bereite ein Kurzreferat vor.

3 Beantworte die in der Überschrift gestellte Frage und begründe deine Meinung.

4 Juppiter – ein sympathischer Gott?

Zum gesamten Text

1 Charakterisiere die fünf Hauptpersonen des Stücks: Juppiter, Merkur, Amphitruo, Alcumena und Sosia.

2 Analysiere das hier geschilderte Verhältnis zwischen den Göttern und den Menschen.

3 Schreibe einem Freund / einer Freundin einen Brief / eine E-Mail, in der du ihm/ihr die Komödie vorstellst und erzählst, wie du sie findest. Du darfst natürlich kritisch sein.

4 Der Dichter Heinrich von Kleist (1777–1811) schrieb 1807 seinen Amphitryon, der erst 1899 uraufgeführt wurde. Interpretiere die Szenenskizze.

Skizze einer Szene aus der Amphitryon-Aufführung im Schlosspark-Theater Berlin, 1981 (Inszenierung: Thomas Reichert; Darsteller: A. Wagner, R. Dieckmann, R. Pigulla, M. Altmann, M. Krauel u. a.) von Gerd Hartung (1913–2003), Filzstift auf Papier 21 x 29,7 cm.

Alphabetischer Lernwortschatz

A

absēns, ntis	abwesend
abstinēre, uī + *Abl.*	sich enthalten
āctūtum *Adv.*	(so)gleich
advenīre, iō, vēnī, ventum	(an)kommen, sich nähern
adversus + *Akk.*	gegen, gegenüber
anguis, is *m.*	Schlange
appōnere, posuī, positum	(herbei)bringen
ardēre, arsī, arsum	brennen
arguere, arguī, argūtum + *Gen.*	einer Sache beschuldigen
argūmentum	Beweis
āter, tra, trum	schwarz
audāx, ācis; *Adv.* audacter	kühn, verwegen
aureus	golden
auspicium	Vorzeichen

C

-ce	*Partikel, verstärkt das Pronomen*
cēna	Essen
cēnāre	speisen, essen
citus; *Adv.* citō	schnell
clam *Adv.*	heimlich
cōmis, e	freundlich
complectī, or, plexus sum	umarmen
concidere, cidō, cidī	zusammenfallen, -brechen
crēbrō *Adv.*	häufig
cubāre, cubuī, cubitum	liegen, ruhen

D

decet	es gehört sich
dēcipere, iō, cēpī, ceptum	täuschen, austricksen
dēdecus, oris *n.*	Schande, Lasterhaftigkeit
dēlinquere, līquī, lictum	sich vergehen, etw. verbrechen
dēlīrāre	wahnsinnig sein
dictum	Wort
domī	zu Hause, im Haus
domō	von zu Hause
domum	nach Hause
dōs, dotis *f.*	Mitgift
dūdum *Adv.*	vor kurzem, gerade

E

ēcastor	beim Kastor!
edepol	beim Pollux!
ēloquī, or, locūtus sum	erzählen
erus	Herr, Gebieter
expetere, petīvī, petītum	erstreben, erflehen
expūgnāre	erobern
extemplō *Adv.*	sofort, schnell
extollere, tulī	erheben

F

fessus	müde, erschöpft
fidem obsecrāre	um Gnade bitten
foedus, eris *n.*	Vertrag, Bündnis
foedus	hässlich, scheußlich
forās *Adv.*	hinaus
forēs, ium *f. Pl.*	Tür
fortasse *Adv.*	vielleicht
frūstrārī	täuschen
fugāre	in die Flucht schlagen
fungī, or, fūnctus sum	ausführen, verrichten

G

gemere, uī, itum	seufzen, stöhnen
geminus	Zwilling
gravidus	schwanger

H

hercle	beim Herkules!
herī *Adv.*	gestern
hūc *Adv.*	hierher

I

ideō	deshalb
īgnōbilis, e	unbekannt, namenlos
illīc *Adv.*	dort, da
immō	ja; *nach Verneinung* im Gegenteil, nein
impellere, pulī, pulsum	anstoßen, antreiben
impudēns, ntis	schamlos, unverschämt
impudīcus	unzüchtig, unanständig
īnsānīre verrückt sein	
īnspicere, iō, spēxī, spectum	hin(ein)sehen
interīre, eō, iī, itum	untergehen, zugrunde gehen
interrogāre	fragen
intrō *Adv.*	hinein
intus *Adv.*	im Inneren (des Hauses)
invītāre einladen	
iocus	Scherz
īrācundus	(jäh)zornig
īrāscī, or, īrātus sum	zornig/böse sein
īrātus	zornig
istic, istaec, istuc	dieser dort, der da

L

lavāre, lāvī, lautum	waschen, baden
lēctus	Bett; Speisesofa
lēnis, e	sanft
libet, libuit/libitum est	es beliebt, gefällt

M

maledictum	Schmähung, Beschimpfung
marītus	Ehemann
membrum	Glied
mēnsa	Tisch
mentīrī	lügen
-met	*Partikel, verstärkt das Pronomen*
minārī	(an)drohen
mortuus	tot

N

nequīre, nequeō, nequiī/nequīvī	nicht können
nocēre	schaden
nōnne?	nicht?, doch wohl?
nūbere, nūpsī, nūptum	(einen Mann) heiraten
nusquam *Adv.*	nirgends

O

oblīvīscī, or, oblītus sum	vergessen
obsecrāre	beschwören, anflehen
occidere, cidō, cidī	umkommen, untergehen
occipere, iō, cēpī, ceptum	anfangen, beginnen

P

paenitet aliquem	es reut/ärgert jmd.
partīrī	(auf)teilen
parturīre	in den Wehen liegen
patera	Schale
pavēre, pāvī	sich ängstigen
peccāre	einen Fehler machen
percutere, iō, cussī, cussum	durchbohren, erschüttern, zermalmen
plaudere, plausī, plausum	Beifall klatschen
prae + *Abl.*	vor
praedicāre	(öffentlich) sagen
praeficere, iō, fēcī, fectus	an die Spitze stellen
prīncipium	Anfang
probrum	Unzucht, Ehebruch
prōdesse, prōsum, prōfuī	nützen, nützlich sein
proinde *Adv.*	genauso
propitius	gnädig
pudet	es erfüllt mit Scham
pudīcitia	Keuschheit, Ehre
pūgnus	Faust
pūrus	rein

Q

quaesō	ich bitte; bitte!
quaestiō, ōnis *f.*	Frage, Untersuchung
quandō *Subj.*	wann (immer); da ja, weil
quī	wie?, warum?
quid?	was?, warum?
quiēscere, quīvī, quīetum	ruhen

R

rēgnāre	herrschen
ruere, ruī, ruitūrum	(ein)stürzen

S

saltem *Adv.*	denn eigentlich
salūtāre	(be)grüßen
salvus	wohlbehalten, gesund
sānē *Adv.*	durchaus, in der Tat
sānus	gesund, vernünftig
sapere, iō	bei Verstand sein
scelestus	frevelhaft, elend
secus *Adv.*	anders
sēmen, minis *n.*	Samen
somnium	Traum
strepitus, ūs *m.*	Lärm, Getöse
stuprum	Schande, Hurerei
subigere, ēgī, āctum	unterwerfen zwingen

T

tantō + *Komparativ*	umso
tempestās, ātis *f.*	Unwetter
tener, a, um	zart, zärtlich
terror, ōris *m.*	Schrecken
Thēbānus	thebanisch; Thebaner
timidus	furchtsam

U

ulcīscī, or, ultus sum	rächen, sich an jmd. rächen
ut *Subjektion*	wie
uter, tra, trum; *Gen.* utrīus; *Dat.*; utrī	wer (von beiden)

V

vae	wehe (dir)
validus	stark
vāpulāre	Schläge bekommen, verprügelt werden
venia	Verzeihung; vergessen
vestītus, ūs *m.*	Kleidung
vigilāre	wachen, wach(sam) sein
vincīre, vīnxī, vīnctum	fesseln
vōtum	Gelübde
vovēre, vōvī vōtum	geloben